Wolfgang Halm · Federico Latorre

SPANISCH FÜR SIE · 3

Ein moderner Sprachkurs für Erwachsene

MAX HUEBER VERLAG

Wolfgang Halm · Federico Latorre
SPANISCH FÜR SIE
Ein moderner Sprachkurs für Erwachsene
Band 3

Verlagsredaktion: Elisabeth Stiefenhofer
Textillustrationen: Herbert Horn
Einbandgestaltung: H. B. Kaubisch
Layout: Karl Schaumann
Redaktionelle Gesamtleitung: Roland Schäpers

Illustrationsnachweis:
Farbbildteil:
Fotos Nr. 1, 3, 4, 5, 7 Agencia Salmer, Barcelona;
Nr. 2 und 6 Bildarchiv Huber, Garmisch
Illustrationen im Text:
S. 9: Anzeige aus «El Noticiero Universal», 21. März 1975
Fotos von der Agentur «Europa-Press», Madrid: S. 23, 24, 38, 44, 59, 69, 70, 76, 87, 92, 107, 112
S. 32: Anzeige aus «La Gaceta Ilustrada» vom 23. März 1975
S. 50: El Tiempo. Ausschnitt aus «El Noticiero Universal»
S. 58: Foto Fisa. Aus dem Bildband «España, Tierra – Agua – Fuego – Aire»
S. 67: Foto Salmer, Barcelona
S. 82: Auszug aus dem Reiseprospekt: «Rutas 75»
S. 91: Humor por Enrich
S. 92: Anthony Verlag, Starnberg
S. 97: Anzeigenseite aus «La Vanguardia»
S. 106: Ullstein-Bilderdienst und Foto-Present
S. 111: Mingote
S. 117: Luis Vinas, Barcelona
Vorlage für die Einbandgestaltung: Interfoto Friedrich Rauch

ISBN 3-19-00.4027-3
1. Auflage 1975

Gesamtherstellung: Richterdruck, Würzburg
Printed in Germany

INHALT

La prima Angélica **1 A**

Carlos Saura es un director de cine conocido también en el extranjero, y «La prima Angélica», una de sus películas más discutidas en España. Hablo con María Clara, la niña Angélica de la película. Tiene trece años y es una niña-niña, ni tímida ni repipi.

– ¿Qué te pareció tu trabajo en la película? ¿Cómo te aprendiste el papel?

– Carlos es un director buenísimo. Antes de empezar me trajeron el guión y lo leí. Pero a la mañana siguiente, muy temprano, vinieron a recogerlo, porque Carlos no quería que me aprendiera todo el texto de memoria. Luego, allí, decidíamos entre los dos lo que yo iba a decir. El me preguntaba cómo lo haría, y yo me lo inventaba con un poco de imaginación.

– ¿Te equivocabas mucho?

– Por mí no hubo casi que repetir. Carlos me decía que no exagerara nada, que lo hiciera todo muy normal, ¿no? Lo hacíamos como en un juego. Todo era muy divertido.

– ¿Y qué te pareció la película cuando la viste en el festival de Cannes?

– Preciosa, preciosa. Cada vez me gusta más, porque es muy sencilla.

– ¿No le pareció mal a tu padre que la hicieses?
– No, nada. Pregúntaselo. Si no, no la hubiera hecho.
– ¿Ha cambiado tu casa después de la película?
– No te creas. Sólo me llaman «la artista», pero en broma.
– Si no haces otras películas, ¿lo vas a echar de menos?
– ¡Ay, sí! Créemelo. Carlos me ha dicho que cuando necesiten a una niña de mi edad me llaman. ¡Ojalá! Pero no creo que sea probable. Desgraciadamente no hay muchos papeles de niña ...
– ¿ Cómo serás de mayor?
– El pelo me lo dejaría siempre largo. Gorda no me imagino ..., mamá también es delgada, ¿has visto?

¿Te imaginas soltera?
– Soltera ... soltera, no. Casada, mejor. Porque soltera, sola, siempre solita, no. Me da miedo quedarme sola en mi casa, aunque sea de día, no me gusta nada. Salgo bastante ... Pero dime una cosa: ¿Cómo te has hecho periodista? Cuéntamelo todo, me interesa mucho. Dicen que para una mujer es más difícil.
– ¿Por qué preguntas? ¿Es que a ti también te gustaría ser periodista?
– ¡Claro! Hacer reportajes, viajar y conocer gente, ¿sabes? ...

1. traje vine (quise hice dije → II.7)

– Hoy vienen los de la película a traerte el guión, ¿verdad?
– No, ya **vinieron** anoche. Me lo **trajo** el director personalmente. **Vino** anoche y me lo explicó todo. Luego **quiso** hablar con mi padre. **Dijo** que quería empezar esta semana. ¡Me **hizo** una impresión ...!

2. hubo (tuve estuve pude puse → II.7)

Cuando se hace una película, **hay que repetir** muchas escenas. María Clara no se equivocó casi nunca. Por ella no **hubo que repetir** casi nunca.

3. no lo hubiera hecho

– Si algo no le parece bien a papá, **no lo hago.** Por ejemplo, salgo mucho para ir al cine. Si no le pareciera bien a papá, **no lo haría.** Y si lo de trabajar en la película le hubiese parecido mal, desde luego **no lo hubiera hecho** (= **no lo habría hecho**).

4. ¿me lo cuentas? ¡cuéntamelo!

– ¿Cómo has llegado a ser periodista? ¿Me lo cuentas? **¡Cuéntamelo!**
– ¿Por qué te interesa? ¿Me lo explicas? ¡**Explícamelo,** por favor!
– Yo también voy a ser periodista. ¿No me lo crees? Pues, **¡créemelo!** Papá está de acuerdo. ¿Por qué no se lo preguntas? **¡Pregúntaselo!**

5. cada vez más

– He visto tres veces la película, y me gusta **cada vez más.**
– Yo no voy tantas veces al cine. La vida resulta **cada vez más cara** ...

6. muy bueno buenísimo

Saura es un director de cine **muy bueno.** ¿Verdad que es **buenísimo**? **Muchísima gente** ha visto sus películas. A mí me gustan **muchísimo.**

1. Imagínese que Vd. es el padre de una niña que ha hecho una película. Como su esposa educa bien a los hijos, Vd. dice que está de acuerdo con ella.

> – Su esposa le ha permitido a María Clara hacer la película, ¿no?
> – Yo también se lo hubiera permitido.

a. Le ha permitido ir al festival de Cannes, ¿no?
b. Ella le ha comprado un vestido para Cannes, ¿verdad?
c. Le ha dado buenos consejos mientras trabajaba, ¿no?
d. Le ha prometido que la dejará trabajar en otras películas, ¿verdad?
e. Le ha preguntado si quiere ser artista, ¿no?
f. Le ha dicho que podrá estudiar para ser periodista, ¿verdad?

2. Al conserje del hotel le gusta mucho hablar con los clientes. Hágale Vd. el favor de escucharle.

> – ¿Quiere que le cuente lo que ha pasado hoy?
> – Sí, cuéntemelo.

a. ¿Quiere que le diga lo que ha pasado?
b. ¿Quiere que le traiga el café?
c. ¿Quiere que le explique lo que pasa en aquella nueva película?
d. ¿Me permite que le pregunte algo que me interesa mucho?
e. ¿Quiere que le diga dónde puede comprar los mejores vinos?
f. Hoy viene mi hijo mayor. ¿Me permite que se lo presente?

3. El señor Domínguez ha estado en Perú durante varias semanas. A su compañero le gustaría mucho hablar con Domínguez para ser el primero en informarle de todo lo que ha pasado entretanto.

> – ¿Alguien le ha contado a Domínguez lo que ha pasado?
> – No, cuénteselo Vd.

a. ¿Le ha dicho alguien lo que ha pasado?
b. ¿Le ha explicado alguien lo que pasa en esa nueva película?
c. ¿Le ha preguntado alguien si quiere quedarse mucho tiempo aquí?

d. ¿Le han dicho que hay un nuevo cine en nuestra calle?
e. ¿Le han preguntado si es verdad lo que dijo el periódico sobre Perú?
f. ¿Le han dado las cartas que han llegado para él?

4. Conteste Vd. según el modelo:

> – ¿Esa película es buena?
> – Buenísima.

a. ¿El director es bueno?
b. ¿Sus otras películas son interesantes?
c. El papel que le dieron a esa niña, ¿fue difícil?
d. ¿A la niña le pareció divertido el trabajo?
e. ¿La madre de la niña sigue tan delgada como siempre?
f. ¿Es verdad que todos los papeles de la película eran difíciles?

5. Ponga la forma correcta de los verbos indicados.

	– Me han dicho que anoche estuvisteis en casa de Paco.
a. ser	– Sí, es verdad. .... muy divertido, divertidísimo.
b. venir	Carlos .... con algunos amigos,
c. hacer	Enriqueta .... una tortilla buenísima,
d. servir	y a medianoche o más tarde, no sé, ... un vino
e. traer	formidable que habían .... de Francia.
f. poder	– Pues, a mí me habían invitado, pero no .... ir.
g. ir	Pero mi hermano sí ...., ¿le viste?

6. Temas de conversación

¿Le gusta ver películas en que salen niños?
¿Le gustaría que su hija trabajara en una película?
¿Por qué (no) le permitiría Vd. a su hijo/hija que trabajara en una película?
De niño/niña, ¿qué profesión le pareció ideal? ¿Por qué?
¿Y qué profesión tiene ahora?
¿Cuáles son las ventajas y desventajas de su profesión?

Página 40 EL NOTICIERO UNIVERSAL Viernes, 21 de marzo de 1975

¡DESTRUIR LA VIDA INTIMA DE UN HOMBRE ES LO MISMO QUE ASESINARLO!
¿Como fué posible el caso "Watergate"...?
... aquí encontrarán la respuesta
¡Cuidado! puéde estarles oyéndo
El es el más experto ladrón de intimidades. Puede grabar cualquier conversación. Pero también sufrirá el tormento de saberse espiado.
LA CONVERSACION
(The Conversation)
GENE HACKMAN
John Cazale · Allen Garfield · Cindy Williams
director FRANCIS FORD COPPOLA
TECHNICOLOR
Paramount
MAYORES DE 18 AÑOS Y DE 14 ACOMPAÑADOS
«PALMA DE ORO» del Festival Internacional de CANNES
NOMINADA PARA EL "OSCAR" "A LA MEJOR PELICULA"

Con la astucia del TIGRE...
Con la sabiduría del ELEFANTE...
La fuerza de un LEON.
VUELVE EL REY DE LA SELVA
TARZAN y el tesoro kawana
MIL PELIGROS EN LA SELVA AFRICANA

¡VUELVEN! LOS REYES DE LA RISA, LOS «POPULARES DEL AÑO» LOS SUPERPAYASOS DE LA «TELE», EN UNA NUEVA AVENTURA COMICA
GABY FOFO MILIKI y FOFITO son
LOS PADRINOS
de la serie "HABIA UNA VEZ UN CIRCO"
con MERCEDES CARRERAS y OLINDA BOZAN
Director ENRIQUE CARRERAS
Eastmancolor

Apta para menores

2 A

– Mariola, ayúdame a poner la mesa. Anda, muévete, hazme el favor, sé buena. Pon un cubierto más para Pili ... Vete a la cocina y trae los vasos, pero ten cuidado, no los rompas.
– No te preocupes, mamá ... Bueno, ya está todo, ¿no?
– Gracias, hija. Pero ¿qué has hecho? Faltan dos cubiertos.
Pero mamá, ¿no sabes que voy a ir al cine con Pili?
– Ah, por eso ... ¿Qué película vais a ver? ¿Es apta para menores?
– Creo que sí. Todas mis amigas ...
– Entonces vete con Pili, y se lo digo yo a papá. Y ven a casa inmediatamente después, ¿me oyes? No vuelvas tan tarde como la semana pasada.
– Está bien, mamá.
– ¿Y el dinero?
– La señora Carranza me ha pagado las clases que he dado a Paquito.
– Entonces, ¿a qué esperas? Sal antes que venga papá, no quiero que haya discusiones. Ponte el abrigo. Adiós, Pili, adiós, Mariola. Y no volváis tarde, ¡eh!
– Sí, sí, mamá. Vente, Pili, vamos.

Cosas de la política

Dos amigos se están despidiendo después del trabajo.
– Hasta luego, Manolo, hasta mañana. Por cierto, ¿estáis en casa mañana? Elena quiere charlar con Luisa. Tiene problemas con la niña.
– Venid cuando queráis, pero no vengáis mañana, que mañana vienen mis suegros, y cuando están ellos siempre estoy nervioso.
– ¿Es que no te llevas bien con ellos?
– No, no, eso no, en absoluto. Sobre todo mi suegra es simpatiquísima y me quiere mucho. Con ella me entiendo que es una maravilla. Pero él ...
– En mi familia es al revés. A mí me pone nervioso mi suegra.
– Cuando él se pone a hablar de política o de la Iglesia ... Dice que la política es su especialidad, y me cansa oir siempre la misma canción.
– Bueno, ¿qué le vas a hacer? Escúchale, déjale hablar, cállate, no le digas lo que piensas tú, y en paz. No tiene objeto discutir con él.
El no te convencerá a ti, ni tampoco le convencerás tú a él. O dile por lo menos que comprendes sus ideas aunque no estás conforme con él.
– A lo mejor tienes razón. Bueno, ¿venís pasado mañana?

1. ¡pon! ¡ten! ¡di! etc. ¡vamos!

decir	¡di/dime (tú)!	– Mariola, **pon** un cubierto más.
hacer	¡haz!	**Vete** a la cocina.
ir	¡ve/vete!	**Ten** cuidado con los vasos.
poner	¡pon!	**Hazme** el favor de no romper nada.
salir	¡sal!	**Sal** antes que venga papá.
ser	¡sé!	**Dime** adónde vas.
tener	¡ten!	**Ven** pronto a casa.
venir	¡ven!	**Sé** buena, hija.
ir	¡vamos!	– Sí, sí, mamá. **Vente**, Pili, **vamos.**

2. ¡toma! ¡tómalo! (I.14.2) ¡no lo tomes!

¡toma!	¡tómalo!	Mis amigos no están de acuerdo.
¡cree!	¡créemelo!	Cada uno me aconseja una cosa diferente:
¡escribe!	¡escríbeselo!	– La ternera es buena, **tómala.**
		– No, **no la tomes**, es dura.
¡no tomes!	¡no lo tomes!	– ¡Qué va! Es buena, **créemelo.**
¡no creas!	¡no lo creas!	– **No se lo creas, déjale** hablar.
¡no escribas!	¡no lo escribas!	– ¿Abrimos otra botella? **Abrela.**
		– **No la abras,** hemos bebido bastante.

3. ¡tomar/tomad! ¡tomarlo/tomadlo! ¡no lo toméis!

¡tomar/tomad!	¡tomarlo/tomadlo!	Mis amigos no están de acuerdo.
¡creer/creed!		Cada uno nos aconseja una cosa diferente:
¡escribir/escribid!		– La ternera es buena, **¡tomarla!**
		– No, **no la toméis**, es dura.
¡no toméis!	¡no lo toméis!	– ¡Qué va! Es buena, **creérmelo.**
¡no creáis!		– **No se lo creáis, dejarle** hablar.
¡no escribáis!		– ¡**Abrir** otra botella más!

(La forma familiar de la conversación es ¡tomar!, etc.)

4. ¡piensa! ¡no pienses! ¡pensar/pensad! ¡no penséis!

piensa	no pienses
vuelve	no vuelvas
pensar	no penséis
volver	no volváis

– **Muévete,** Mariola, ¿a qué esperas? Márchate, pero **piensa** en lo que te he dicho: **Vuelve** pronto, **no vuelvas** tarde. Tú también lo has oído, Pili: **no volváis** tarde.

2 C

1. Mariola no sabe si va a hacer o no lo que dice su madre. Dígale Vd. que lo haga.

– Mamá quiere que ponga un cubierto más.
– Entonces pon uno más.

a. Quiere que vaya a la cocina.
b. Quiere que tenga cuidado con los vasos.
c. Quiere que vaya con Pili.
d. Quiere que venga inmediatamente a casa.
e. Quiere que vuelva pronto.
f. Quiere que me ponga el abrigo.

2. Dígale Vd. a Mariola que haga lo que le dice su mamá.

– Mamá no quiere que vaya al cine.
– Entonces no vayas.

a. No quiere que fume.
b. No quiere que salga todas las tardes.
c. No quiere que me ponga sus cosas.
d. No quiere que me ponga sus zapatos.
e. No quiere que venga tarde a casa.
f. No quiere que haga la película que me han ofrecido.

3. Yo no sé exactamente qué hacer, y tú me aconsejas:

> – No sé si hacer el viaje o no.
> – Hazlo, ¿por qué no?

a. No sé si decírtelo o no.
b. No sé si poner las flores allí o no.
c. No sé si voy a escribirle a Paco o no.
d. No sé si salir con Paquita o no.
e. No sé si comprarme ese coche usado o no.
f. No sé si me voy a quedar o no.

4. No hay que tomar las cosas demasiado en serio.

> – No sé qué hacer.
> – Bueno, haz lo que quieras.
>
> – No sé cómo hacerlo.
> – Bueno, hazlo como quieras.

a. No sé cómo decirlo.
b. No sé con quién salir.
c. No sé dónde dejar el coche.
d. No sé adónde ir.
e. No sé cómo ponerme este sombrero.
f. No sé qué decir.

5. Ponga Vd. la forma correcta. Fíjese en cómo se escribe. (I.22.4)

a. buscar	– Por favor, señorita .... Vd. la carta del señor Corominas que llegó ayer. Cuando la tenga,
b. explicarle	.... a este señor lo que dice el señor Coro-
c. indicarle	minas. Y por favor, ... la dirección del señor Corominas.
	– Muy bien, aquí tengo la carta. Corominas dice que por
d. comunicarle	favor nosotros .... los resultados de nuestras conversaciones con la casa chilena tan pronto como
e. llegar	nos .... la confirmación de aquélla.

f. sacar	¿Quiere Vd. que le .... una fotocopia?	
g. pagársela	– Sí, hágame el favor. ¿Me permite que .... ?	
	– De ninguna manera.	

6. Vemos cómo trabaja un director de cine con sus actores. Vd. oye mejor que yo lo que dice. Contésteme Vd.:

– ¡Empieza otra vez!
– ¿Qué le dice?
– (Le dice) que empiece otra vez.

a. – Habla un poco más alto. – ¿Qué le dice?
b. – Di la frase otra vez. – ¿Qué le dice?
c. – Haz como si no le vieras a Pepe. – ¿Qué le dice?
d. – Ponte el sombrero. – ¿Qué le dice?
e. – Sal por la otra puerta. – ¿Qué le dice?
f. – Cierra la ventana. – ¿Qué le dice?
g. – Pon la mano delante de los ojos. – ¿Qué le dice?
h. – Ven hacia la cámara. – ¿Qué le dice?
i. – Muévete un poco más. – ¿Qué le dice?

7. Ahora está preparando otra escena. Está hablando con los trabajadores.

– Preparar el coche.
– ¿Qué les dice?
– (Les dice) que preparen el coche.

a. – Traer el otro coche. – ¿Qué les dice?
b. – Poner la maleta en el coche. – ¿Qué les dice?
c. – Salir de la habitación. – ¿Qué les dice?
d. – Abrir las ventanas. – ¿Qué les dice?
e. – Mirar si todo está preparado. – ¿Qué les dice?
f. – Ir a buscar a María Clara. – ¿Qué les dice?
g. – Decirle que vamos a empezar. – ¿Qué les dice?
h. – Preguntarla si sabe el texto. – ¿Qué les dice?
i. – Cerrar la puerta. – ¿Qué les dice?

8. Temas de conversación

¿Sus hijos ayudan en casa?
¿De niño, le gustaba ayudar a su madre en casa?
¿Qué es lo le gustaba menos?

¿Los padres de Mariola siempre están de acuerdo respecto a la educación de sus hijos?
¿Es necesario que los padres siempre estén de acuerdo?
¿Qué peligro existe cuando no están de acuerdo?

¿Está Vd. de acuerdo con las ideas políticas de sus padres, sus suegros?
¿Qué diferencias de opinión hay en su familia?
¿Resuelve Vd. el problema discutiendo o callándose?

Vd. quiere celebrar su cumpleaños en uno de los restaurantes mexicanos arriba indicados.

a. Llame Vd. al restaurante para reservar una mesa. Indique Vd. el número de personas, la fecha y la hora etc.

b. Invite Vd. a sus amigos por teléfono o mediante una carta dándoles las informaciones necesarias.

Un problema familiar

3 A

Querida amiga:

Perdona que te moleste con un problema mío, pero como sé que eres una mujer de mucha experiencia de la vida me interesa conocer tu opinión. Ya sabes que desde que nacieron los chicos voy con ellos todos los veranos a la montaña. También este año estaremos allí hasta que venga Andrés a pasar con nosotros las tres semanas que tiene de vacaciones. Subirá a vernos los fines de semana, pero claro, el resto del tiempo estará solo en Barcelona. El no necesita nada de nadie, se lava la ropa, se prepara el desayuno y se limpia los zapatos. Para comer y cenar va a cualquier restaurante. Los años pasados, tanto mis padres como los suyos le ofrecieron varias veces que fuera a comer con ellos, pero no aceptó nunca por la sencilla razón de que él sale tarde y sería mucha molestia esperarle para comer. Pues bien, como mis padres viven muy cerca, pues no hay andando ni diez minutos, mi madre insiste este año en venir a casa a traerle la comida. Dice que él querrá refrescarse en casa después del trabajo, mientras que él asegura que saldrá como siempre a comer con algunos compañeros que también estarán de Rodríguez. Ella le dejaría la comida en la cocina, y él no tendría más que calentarla. Pero como está decidido a no venir a comer a casa, tirará a la basura la comida que le haga mi madre. Sería una vergüenza, y creo que más valdrá poner las cosas en claro antes que pase tal cosa. Tú conoces a mi madre y sabes que es una persona buenísima. Si tiene algún defecto es que no se da cuenta de que a veces su amabilidad se hace un poco pesada.

Ahora, ¿tú qué me recomiendas que les diga a mi madre y a Andrés? Quizás sea lo mejor proponerle a Andrés que consienta en venir a comer dos o tres días de la semana. Quiero conseguir que los dos queden contentos. Pero él dirá que no. Dice que le molesta mucho que ella venga tantas veces porque le da la impresión de que se trataría más bien de una especie de control, y no quiere que le quiten la libertad de acción durante esas semanas. (Yo tengo absoluta confianza en Andrés, nunca me ha escondido nada.) Ella dice que eso de ir al restaurante son ganas de tirar el dinero, y ya está algo enfadada. Pero él no quiere aburrirse comiendo solo en casa. Lo pasa muy bien con sus amigos, juegan a las cartas, etc. Yo comprendo muy bien a los dos y siento mucho que haya un problema tan grande entre las dos personas que más quiero. Pero ¿cómo voy a lograr que se mantenga la paz familiar? Estoy poco menos que desesperada. Si tú supieras darme algún consejo te lo agradecería muchísimo.

Muchos besos:

María Dolores

1. quiero que venga → II.1 le aconsejo que vaya → II.12

Le ofrecen que vaya a comer con ellos.
Le proponen que vaya a comer con ellos.
Quieren conseguir que todos **queden** contentos.
Quieren lograr que vaya a comer con ellos.
Le recomiendan que no vaya al restaurante todos los días.

2. (no) se alegra de que él no vaya → II.16

A mi madre **le molesta que** Andrés **no vaya.**
Mi padre **siente** mucho **que** Andrés **no vaya.**
Perdona, mamá, **que** Andrés **no vaya** a comer con vosotros.

3. quizás sea/es lo mejor

Quizás sea lo mejor hablar con mi madre.
También: **Quizás es lo mejor** hablar con mi madre.

4. saldré → II.8 saldría → II.11

dirá	→ diría	– ¿Qué **dirá** tu madre cuando le digas que nos va-
querrá	→ querría	mos a casar? ¿**Querrá** convencerte para que no te
pondrá	→ pondría	cases conmigo? ¿Nos **pondrá** dificultades?
saldrá	→	– No te preocupes. Todo **saldrá** bien.
valdrá	→	– ¿No **valdrá** demasiado el piso? ¿Cuánto vale?

5. juega a las cartas toca la guitarra

juega al fútbol	– Mis dos hijos son muy distintos. Uno se pasa las tardes **jugando al fútbol**, y el otro se queda en
toca la guitarra	casa para **tocar la guitarra** ...

6. grande gran parte

Mi amigo tiene un **gran problema.** Yo también tengo un **problema** muy **grande.** Pero comparándolo con las dificultades que tienes tú, no es **gran cosa.**

3 C

1. María Dolores ha encontrado una solución a sus problemas. Nos dice cómo ha resuelto el caso. Yo estoy pensando en otras cosas y no escucho con atención. Contésteme Vd.:

– Ahora, Andrés viene a comer dos días. Se lo he recomendado yo.
– ¿Qué le ha recomendado?
– Que venga a comer dos días.

a. – Mi madre no insiste más. Lo he conseguido yo. – ¿Qué ha conseguido?
b. – Gracias a Dios, se mantiene la paz familiar. Lo he logrado yo.
– ¿Qué ha logrado?
c. – Andrés irá a comer con ellos una vez a la semana. Se lo he propuesto yo. – ¿Qué le ha propuesto?
d. – Andrés no saldrá todas las noches. He insistido mucho en eso.
– ¿En qué ha insistido?
e. – Ya no hay problemas entre los dos. Ha sido una cosa muy importante para mí. – ¿Qué ha sido una cosa importante para Vd.?
f. – Los dos se entienden muy bien. Es lo que había deseado yo.
– ¿Qué había deseado?

2. Nuestro compañero de trabajo nos cuenta cosas. Yo no pongo atención. Contésteme Vd.:

– El fin de semana vienen mis padres. Me alegro.
– ¿De qué se alegra?
– De que vengan sus padres.

a. – Mi mujer va a la montaña en julio. Me alegro.
– ¿De qué se alegra?

b. – Desgraciadamente no puedo ir con ellos. ¡Qué lástima!
– ¿Qué es lástima?
c. – Ni siquiera podré ir a principios de agosto. Ella lo siente mucho.
– ¿Qué es lo que siente ella?
d. – El hotel no será más caro que el año pasado. Por lo menos lo espero.
– ¿Qué espera?
e. – Pero otras cosas serán más caras. Es lo que me temo.
– ¿Qué teme?
f. – En la ciudad hará mucho calor, pero no me molesta mucho.
– ¿Qué es lo que no le molesta?
g. – Mi suegra quiere traerme la comida cada día. Me sorprende un poco.
– ¿Qué le sorprende?
h. – Mi suegra me controla. No me gusta nada.
– ¿Qué es lo que no le gusta?
i. – Ahora me marcho. Les ruego que me perdonen.
– ¿Qué quiere que le perdonemos?

3. Pedro es una persona un poco rara. No se sabe nunca qué hará. Pero Vd. es optimista. Conteste según el modelo:

– No creo que le diga a Vd. lo que sabe. – Yo creo que me lo dirá.

a. No creo que quiera hablar con Vd.
b. No creo que valga la pena llamarle.
c. No creo que él le haga este favor.
d. No creo que todo eso le salga bien a Vd.
e. No creo que él pueda ayudarle.
f. No creo que él le diga la verdad.

4. Su vecino quiere saberlo todo. Contéstele según el modelo:

– ¿Ya tiene Vd. la nueva lavadora? – Cuando la tenga, ya se lo diré.

a. ¿Llegará esta semana su madre?
b. ¿Puede Vd. pagarme lo que me debe?

c. ¿Va Vd. esta semana a Madrid?
d. ¿Ha vuelto ya su hermano?
e. ¿Se va Vd. de vacaciones?
f. ¿Se casará Vd. pronto?

5. Yo no sé qué hacer, y tú me aconsejas.

– No sé si hacer el viaje o no.
– Bueno, no lo hagas si no quieres.

a. No sé si decírtelo o no.
b. No sé si poner las flores allí o no.
c. No sé si regalarle a Carmen el perfume o no.
d. No sé si pedirle a mi jefe o no que me aumente el sueldo.
e. No sé si salir o no esta noche con Conchita.
f. No sé si comprarme esos zapatos o no.

6. ¿Qué hora es?

a. (17.05) b. (10.15) c. (16.35) d. (17.50) e. (12.40)

Diga Vd. lo que ayer, a las horas indicadas, hizo Vd. o estaba haciendo.

7. Lea Vd. en voz alta las frases siguientes y diga si probablemente es verdad lo que expresan.

a. He comprado un coche. Es estupendo. Saca 160 kilómetros por hora, gasta nada más que 9 litros y me ha costado 128.000 pesetas.
b. Madrid tiene 6.785.523 habitantes.
c. Barcelona tiene 2.367.979 habitantes.
d. En el mundo entero viven 500.000 millones de personas.

8. Es la primera vez después de muchos años que Vd. se encuentra con un amigo suyo. Contéstele según el modelo:

– ¿Sigues fumando tanto como antes? – No dejaré de fumar mientras viva.

a. ¿Sigues bebiendo tanto como antes?
b. ¿Sigues comiendo tanto como antes?
c. ¿Sigues yendo al bar todos los días?
d. ¿Siguen gustándote las mujeres tanto como antes?
e. ¿Siguen pidiéndote dinero tus hijos?
f. ¿Siguen gustándote las películas del Oeste?

9. Temas de conversación

¿Tiene Vd. en su familia problemas parecidos a los de María Dolores?
¿Qué le aconsejaría Vd. a María Dolores?
Discutan Vds. como entre María Dolores y su marido.
Discutan Vds. como entre María Dolores y su madre.
Discutan Vds. como entre un amigo de la familia y la madre de María Dolores.

10. Ejercicio de expresión escrita

Escriba Vd. una carta a María Dolores proponiéndole una solución.

El ministro público pide una pena de 12 años ...

La droga era barata

4 A

– Usted ha sido condenado por siete delitos contra la propiedad, ¿no?
– No lo recuerdo, pero más o menos debe ser eso.
El que así contestó fue Pablo, de 20 años de edad, tornero de profesión. Hace un año fue detenido con su amigo Manuel, en Ermúa (Vizcaya).
– ¿Qué hacían Ustedes en Ermúa?
– Veníamos de Barcelona. Había vivido allí en casa de un hermano, y teníamos noticia de que encontraríamos un trabajo mejor pagado en Ermúa.
– ¿Y qué hacía la grifa en su chaqueta?
– La habíamos comprado a un hombre, justo antes de subir al tren. La cosa era barata. Pagamos mil pesetas a medias.
– Así que 500 cada uno.
– Sí, señor. Yo había fumado ya dos o tres veces. No fue desagradable, precisamente, pero nada extraordinario tampoco.

– Pues entonces, ¿por qué la compraron?
– Porque a aquel hombre le hacía falta dinero.
– Así que el motivo fue ayudarle ...
– Sí, señor, para hacerle un favor.
– ¿Y cómo sabían que necesitaba dinero? ¿Le conocían?
– No, no le conocíamos. Le conocimos en la estación.
– Está bien. Pero, ¿por qué no le regalaron el dinero?
– ¿Y por qué se lo íbamos a regalar?

Cuando los detuvieron, llevaban 34.700 pesetas, aparte de la grifa. Manuel declaró entonces que el dinero era el producto de la venta de parte de la grifa. Ahora, en el juicio oral, declaró que le habían obligado a firmar aquella declaración. Los dos afirmaron que el dinero era parte de lo que habían ahorrado en Barcelona.

El ministerio público pidió 12 años para cada uno, admitiendo «que era una lástima que una persona desconocida se aprovechara de estos jóvenes en el tráfico de drogas». El abogado que los defendió, en cambio, afirmó que no se trataba de tráfico de drogas, ni mucho menos:

– Estos dos jóvenes compraron la grifa porque todo el mundo habla de la droga y porque tenían una ocasión de obtenerla barata. Pero el hecho de tenerla no se debe juzgar como delito, si no se prueba que intentaron venderla. Y no lo intentaron. Por ello, no era un delito contra la salud pública. Si ellos fumaban la grifa, era un ataque contra la salud propia. Pero ¿se condena al alcohólico? ¿Tiene que ir a la cárcel la persona que tomó una cantidad peligrosa de alguna medicina o sigue disfrutando de su libertad completa?...

Pues bien, estos jóvenes fumaron grifa y no volverán a hacerlo. Y nada más. Solicito la libre absolución.

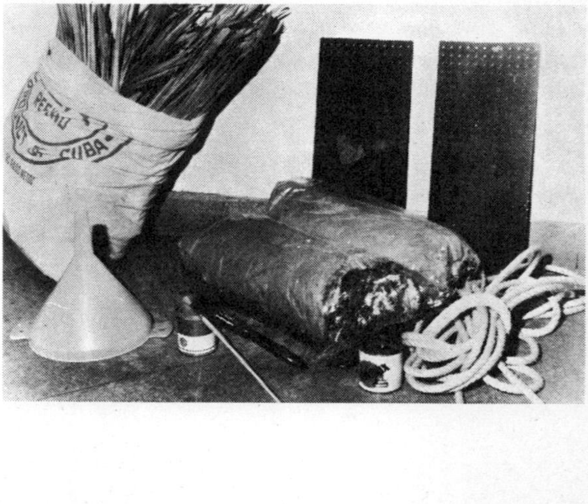

Cuatro kilos de grifa que la policía había encontrado en el coche de dos traficantes de drogas

4 B

1. es una lástima que no venga → 3.2 → II.12.2

Mi amigo no trabajaba. Yo siempre decía que **era una lástima que no encontrara** trabajo.

2. se despidió llorando

María se despidió de nosotros. Cuando se despidió, noté que lloraba.
María **se despidió llorando.**
El ministerio público pidió 12 años para cada uno, pero admitió que era una lástima ...
El ministerio público **pidió 12 años admitiendo** que era una lástima ...

3. le conocían le conocieron

– Cuando Vd. fue a Burgos a ver a don Pablo, ¿le conocía ya?
– No, todavía no le **conocía**. Le **conocí** allí. Fui precisamente allí para conocerle.
– ¿**Tenía** él visita cuando llegó Vd.?
– No, estaba solo. Pero poco después **tuvo** la visita de un amigo suyo.
– ¿Sabía él que su madre estaba enferma?
– Lo **supo** por una carta que le mandó su hermano. Antes no lo **sabía.**

4. un chico de 20 años

de 20 años	María tenía 20 años. Era **una chica de 20** años.
de pelo negro	Tenía el pelo negro. Era **una chica de pelo negro.**

4 C

1. Conteste Vd. como si siempre lo supiera todo antes que los demás.

– ¿Conoció Vd. a García cuando llegó a Madrid?
– No, ya le conocía antes.

a. ¿Conoció Vd. a los Domínguez cuando estuvo invitado en casa de Ana María?
b. Martín estaba enfermo. ¿Lo supo Vd. por el telegrama que le mandaron?
c. Vd. recibió la noticia en enero, ¿no?
d. Entonces conoció Vd. al director de la fábrica, ¿no?
e. Y luego tuvo Vd. contacto con los señores Ortega, ¿verdad?

2. Ponga Vd. la forma correcta de los verbos indicados.

a.	llegar	– Perdone Vd. que .... tarde.
		– De nada, no importa. ¿Ha hablado con esa chica?
b.	venir	– Me temo que María Rosa no ....
c.	venir	– ¿Cómo? ¿No viene? Yo esperaba que ....
d.	tener	– Yo también. Es una pena que no .... tiempo.
e.	conocer	Me gustaría mucho que la .... Vd. Es una chica simpatiquísima.
f.	tener	Lo que siento es que .... tan mala suerte con su trabajo. Tiene un jefe muy desagradable.
g.	poder	– Es lástima que yo de momento no .... hacer
h.	necesitar	nada por ella. Pero cuando .... una secretaria se lo diré.
i.	fumar	– ¿Le molesta que .... ?
		– De ninguna manera. (Pues, francamente sí).

3. Ponga Vd. la forma correcta de los verbos indicados.

		Pablo era tornero de profesión. Tenía unos 20 años.
a.	trabajar	.... en Barcelona.
b.	tener/estar	El trabajo que .... no .... mal.
c.	necesitar	Pero Pablo .... más dinero.
d.	ser	Y con su trabajo .... prácticamente imposible
e.	conocer	ganar más. Un día .... a un chico que
f.	llamarse	.... Manuel.
g.	ser/tener	Manuel .... muy simpático, ... más o menos la misma edad que Pablo y los mismos problemas.

h.	hacerse	Los dos .... muy amigos.
i.	parecer	Poco después, un señor que .... ser extranjero
j.	ofrecer	le .... a Manuel una ocasión para ganar mucho dinero.
k.	tratarse	Decía que .... de «un trabajo fácil»,
l.	explicar	pero no le .... exactamente lo que era.
m.	decir	Manuel se lo .... inmediatamente a Pablo,
n.	tener	porque él .... una sensación un poco rara.
o.	saber	Manuel no .... la dirección de aquel hombre
p.	llamarse	ni tampoco cómo .... Los tres se reunieron en un bar.
q.	quedar	Y aunque les .... algunas dudas, Pablo y
r.	terminar	Manuel .... por aceptar el negocio.
s.	ser detenido	Un año después ....
t.	darse	.... cuenta de que el negocio
u.	tener	.... dos caras.

4. Conteste Vd. según el modelo:

– Pepe no vino. – Lástima que no viniera.

a. Pepe se quedó en casa.
b. No sabía que le esperábamos.
c. No le habían informado.
d. Su hermana no vino tampoco.
e. Ella se aburría en casa.
f. Estaba muy sola.
g. No la habíamos invitado (pensando que vendría con Pepe).

5. Contestar según el modelo:

– Marcharos. – ¿Y por qué quieres que nos marchemos?

a. Fijaros en lo que dice. **b.** Lavaros las manos. **c.** Quedaros. **d.** Despediros. **e.** Compraros ese coche. **f.** Esconderos.

6. Ponga Vd. la forma correcta de los verbos.
(Es posible que Vd. no conozca todas las palabras contenidas en el texto. Trate Vd. de comprender su sentido por el contexto. En caso de duda, consulte un diccionario).

37 *gramos de falsa heroína*

	Al pasar el correspondiente control de la aduana de Alge-
a. ser	ciras, un joven .... detenido por la policía al
	advertir el prolongado y sospechoso rastro de polvillo
b. dejar	blanco que .... tras de sí y que los expertos
c. identificar	.... rápidamente como heroína.
d. ser	Tras un minucioso control le .... ocupados
	37 gramos de heroína hábilmente ocultos bajo la copiosa
	melena del joven.
e. ser	La «heroína» .... enviada posteriormente al
f. descubrirse	laboratorio para un nuevo análisis, ... que
g. ser	la supuesta heroína .... caspa.
h. tener	Ante la evidencia, el joven no .... más remedio
i. tener	que confesar que desde pequeño .... caspa,
j. intentar	hecho que .... ocultar por todos los medios.
	(Según un artículo de «Muchas gracias»)

7. Temas de conversación

¿Por qué hay tantos jóvenes que toman o fuman drogas?
Si Vd. se enterara de que su hijo o su hija toma drogas, ¿qué haría?
Si Vd. encontrara en la habitación de su hijo cierta cantidad de drogas que evidentemente quisiera vender, ¿cómo reaccionaría Vd.?

¿Qué le parece la pena que pide el fiscal («el ministerio público»): 12 años para cada uno de los jóvenes?
¿La cantidad de dinero y de grifa que llevaban indica que se trata de un verdadero tráfico de drogas?
¿Qué le parecen los argumentos del abogado?

Test 1

Marque Vd. la solución correcta. Si hay dos correctas, marque las dos.

a. – ¿Le molesta que .... ?
– En absoluto.
1 fumaría
2 fume
3 fumo

b. – ¿Por qué no te pones el abrigo? ...., si no te vas a poner enfermo.
1 póngaselo
2 póntelo
3 que te pongas

c. – Me interesaba probar la droga una vez, nada más. Y además, era barata. Si no, no la ....
1 comprara
2 habría comprado
3 hubiera comprado

d. – ¿Qué hacéis el domingo? .... con nosotros, si queréis, nos vamos al campo.
1 acompañad
2 vengáis
3 venir

e. – ¿No está Pedro?
– No sé dónde está. Es posible que .... salido.
1 ha
2 haga
3 haya

f. – ¿Qué te dice el médico?
– Que quizás .... que operarme.
1 tendrían
2 tengan
3 tuviesen

g. – ¿Y por qué trabaja Vd. tanto?
– ¿Qué quiere que le diga? ¿Que me gusta trabajar? Pues no. Si no me hiciera falta el dinero, no .... nada.

1 habría
2 haría
3 hiciese

h. – Roberto me ha rogado que le deje el coche. No sé si darle la llave.
– No . . . . , Roberto corre como un loco.
1 dársela
2 se la da
3 se la des

i. – ¿Y qué hará Vd. en las vacaciones?
– Todavía no sé. Lo más probable es que . . . . en casa para estudiar.
1 me quedaré
2 me quede
3 me quedo

j. – Me han invitado a acompañarlos al campo el fin de semana.
– No . . . . Vd., que va a hacer mal tiempo.
1 haga
2 vaya
3 venga

k. Mariola . . . . una chica de 20 años.
1 conoce
2 es
3 está

l. – Esta noche me llamarán mis padres. Si no, ... con vosotros.
1 saldré
2 saldría
3 saliese

m. – ¿Consiguió Vd. hablar con el señor Ramírez?
– Eso no, pero he conseguido que su secretaria le . . . . que me llame. Por lo menos me lo prometió.
1 dice
2 diga
3 dirá

n. – ¿Viene Pedro?
– No es seguro que . . . . , pero sí probable.

1 venga
2 viene
3 vino

o. – Si no tuviese que marcharme .... la mesa. Ponerla vosotras.

1 podré
2 podría
3 pondría

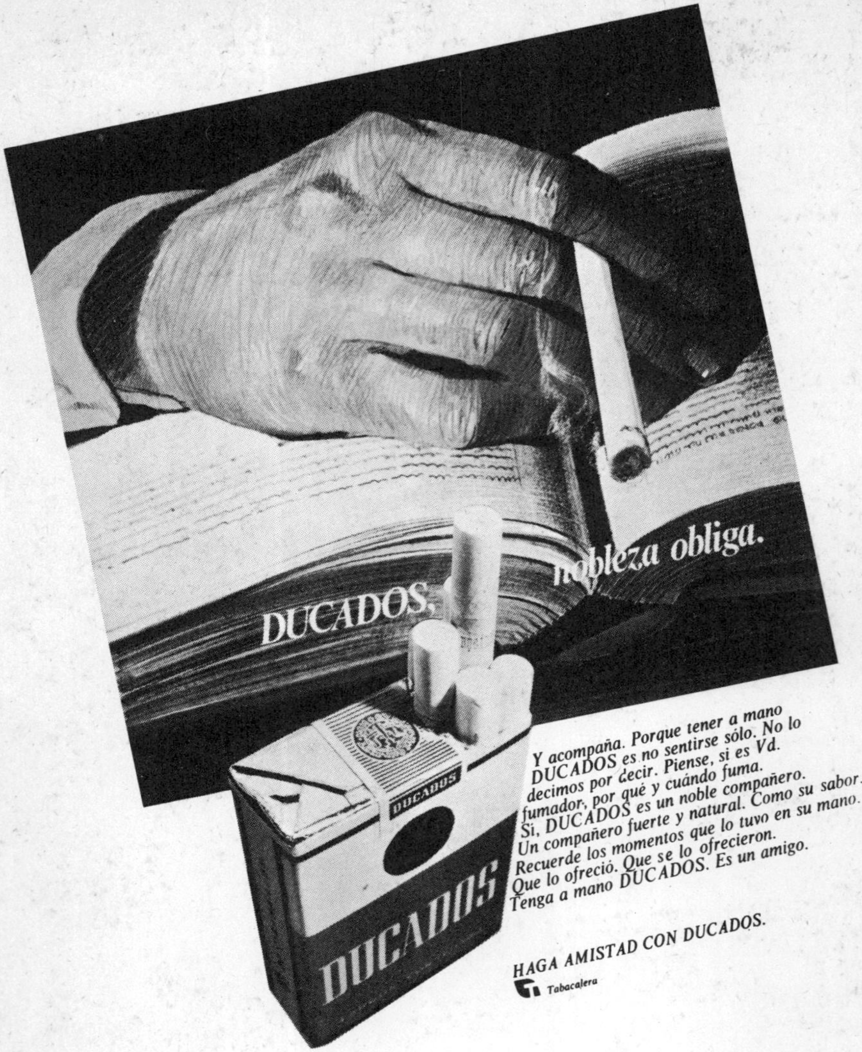

Su padre se sintió orgulloso . . . **5 A**

– ¿ No le parece que fuma mucho ? A mí me parece absurdo eso de fumar . . .
– Claro, admito que es absurdo, pero ¿ qué le voy a hacer ?
– ¿ Vd. quiere que su hijo fume también ? ¿ O es que ya fuma ?

– Si pudiera hacer algo para evitarlo, lo haría.

¿Estaría Vd. dispuesto a dejar de fumar para que no empezara él?

– Eso no. Sería incapaz de hacerlo. Me da vergüenza, pero es mi punto débil. Es una costumbre, y si está Vd. acostumbrado, el cuerpo lo exige. Yo no tengo la fuerza, la voluntad suficiente para dejarlo ... Lo intenté algunas veces, pero nada.

– ¿Por qué empezó Vd.? ¿Cómo empezó?

– Como todos. ¿Quién, de niño, no se ha puesto un cigarrillo en la boca para parecer mayor? Habría que decirles a los chicos que no se vuelven más importantes cuando encienden su primer cigarrillo. En el fondo, se meten en un gran lío repitiendo los errores de sus padres. Cuando yo fumé el primero, mi padre se sintió orgulloso de su hijo, fíjese.

– ¿Y si se lo hubiera prohibido?

– Aunque me hubiese pegado una paliza, no lo hubiera dejado. Un muchacho de doce o trece años no piensa en los daños que puede causarle el tabaco. Con el alcohol o con las drogas es evidente que uno puede destrozarse la vida, pero con el tabaco ...

– Pero ¿y el cáncer?

– Bueno, el cáncer, claro ...

Carta a una amiga española

París, 12 de octubre de 1980

Querida Enriqueta:

Te sorprenderá mucho recibir una carta mía, ya que sabes que no me gusta escribir. Pero pasa lo siguiente: He intentado comprar el libro que tú me recomendaste, «El español y sus siete defectos principales», y aquí, no lo he encontrado en ninguna parte. A lo mejor no se llama exactamente así, y no lo apunté bien. Ahora, como tú lo tienes, me harías un gran favor si me lo prestaras. Gracias de antemano por tu amabilidad. Caso que yo te pueda mandar algo de París, lo haré con mucho gusto. Con un cordial saludo,

Robert

P.D. En el sobre te he puesto unos sellos que han salido recientemente. Supongo que le gustarán a tu marido.

1. caso que venga

si viene	– **Si viene** Roberto, dímelo.
caso que venga	– No es seguro que venga, pero **caso que venga** te llamaré.

2. aunque viene aunque venga→II.14.2 aunque viniera

aunque viene/venía	– A mi hijo mayor le prohibí que fumara. Pero fumaba **aunque se lo prohibí**.
	– El mío es pequeño todavía, pero cuando él quiera empezar a fumar se lo prohibiré.
	– No lo haga Vd., no tiene sentido, pues
aunque venga	**aunque le pegue** Vd., seguirá fumando.
	A mis otros hijos no se lo prohibo, porque sé que
aunque viniera	**aunque se lo prohibiera** no lo dejarían. Lo único que se puede hacer es aconsejarles.

3. el primero el tercero el primer día el tercer día

el primer día	– ¿Cómo está Vd.? ¿Mejor?
la primera semana	– La semana pasada estuve mucho peor. Hoy es
el tercer día	el **primer día** que no tengo dolores.
la tercera semana	– ¿Es verdad que soy la **primera persona** que le
el primero	visita?
el tercero	– No, es Vd. **el tercero.** Pero no por eso me alegro
→I.21.4	menos de que haya venido Vd.

5 C

1. En su casa está el novio de su hija. Conteste Vd. según el modelo, (aunque le parezca que Vd. no hablaría nunca de esta manera):

> – ¿Le molesta que me quede para cenar?
> – Me haría Vd. un gran favor si no se quedara.

a. ¿Le molesta que fume?
b. ¿Le molesta que ponga la radio?
c. ¿Le molesta que me lleve algunos libros?
d. ¿Le molesta que salga con su hija?
e. ¿Le molesta que me case con su hija?
f. Desde luego, al principio nos hará falta mucho dinero.
¿Le molesta que le pida dinero?

2. Claro, ésta no es la forma de hacerse simpático. Vd. se ha convencido de que más vale ser amable. Conteste según el modelo:

– ¿Le molesta que me quede para cenar? – ¡Quédate, hijo, no faltaba más!

a. ¿Le molesta que fume?
b. ¿Le molesta que ponga la radio?
c. ¿Le molesta que me lleve estos libros?
d. ¿Le molesta que salga con su hija?
e. ¿Le molesta que me case con su hija?
f. ¿Le molesta que le pida dinero?

3. Ahora, imagínese que es Vd. una chica de 18 años. Vd. quiere dejar el trabajo que tiene para ir a París. Más tarde quiere casarse.

– Tu padre te prohibirá que dejes el trabajo que tienes. – Lo dejaré aunque me lo prohiba.

a. Te prohibirá salir de España.
b. No querrá que te vayas al extranjero.
c. No querrá que trabajes en París.
d. No te permitirá que vivas sola en un apartamento.
e. No te permitirá hacer el viaje con Juan.
f. No querrá que te cases con Juan.

4. Y ahora, imagínese que su padre está conforme con todo lo que Vd. quiera hacer. Conteste según el modelo.

– Tu padre no te prohibe que dejes el trabajo, ¿no? – Lo dejaría aunque me lo prohibiera.

a. No te prohibe que salgas de España, ¿eh?
b. No te prohibe que te vayas al extranjero, ¿verdad?
c. No te prohibe que trabajes en París, ¿no?
d. Te permite vivir sola en un apartamento, ¿no?
e. Te permite hacer el viaje con Juan, ¿verdad?
f. Te permite que te cases con Juan, ¿no?

5. Ponga Vd. la forma correcta de los verbos indicados.

	Valencia, 12 de febrero de 1982
	Querido tío:
	Como no podré ir a Granada antes del verano, te es-
a. estar	cribo unas líneas para que .... al corriente
	de lo que pasa aquí. Ya sabes que queríamos mandar a
b. aprender	Trini a Francia para que .... mejor el fran-
	cés, pero de repente resulta que Trini prefiere ir a Ingla-
	terra, no sé por qué. Bueno, por algo será, ya sabes
	cómo es ella. Ahora, yo le he dicho que no le per-
c. haber estudiado	mitiré ir a Inglaterra antes que .... por lo
	menos un poco el inglés. En realidad, he pensado en
	ganar tiempo para buscar una familia de confianza.
d. poner	Caso que tú me .... en contacto con una
e. poder	familia con la cual Trini .... estar un año,
	más o menos, te lo agradecería mucho. De todas formas,
f. irse	no quiero que ella .... sin que nosotros
g. estar	.... seguros de que alguien se ocupa de ella.
h. poder	Lástima que yo no .... ir a Granada. Hace
i. tener	tanto tiempo que no nos vemos. Pero si tú ....
	ganas de venir a visitarnos, ya sabes que nos alegraría-
j. querer	mos muchísimo. Si ...., puedes quedarte
	todo el mes de marzo.
	Un saludo muy cariñoso,
	José María

6. Indique Vd. cuál de las tres frases 1, 2, 3 explica mejor el sentido de la frase anterior.
Además, discutan Vds. lo que significan las otras frases.

a. Me llevo bien con mi tía.
1 Ella me regala muchas cosas.
2 Me entiendo bien con ella.
3 Tengo muchas discusiones con ella.

b. ¿Qué le vas a hacer?
1 ¿Le vas a hacer el favor que te ha pedido?
2 Tienes que aceptar la realidad.
3 ¿Ya sabes lo que vas a hacer?

c. No tiene objeto discutir con él.
1 A él le parece inconveniente discutir.
2 No hay ningún tema que le interese.
3 No vale la pena discutir con él.

d. A lo mejor se casará pronto con Alfredo.
1 Cuando esté mejor se casará con él.
2 Quizás se case pronto con él.
3 Será conveniente que se case pronto con él.

7. Temas de conversación

¿Fuman sus hijos? ¿Qué edad tienen?
¿Qué haría Vd. para que no empezaran a fumar sus hijos?
¿Alguno de Vds. fumaba y lo ha dejado? ¿Cómo logró dejarlo? ¿Por qué lo dejó?

8. Ejercicio de expresión escrita

Conteste Vd. a la carta que Robert le escribió desde París. El libro se llama «El español y los siete pecados capitales». De momento, Vd. lo ha prestado a otros amigos. ¿Qué podría mandarle él de París?

Carmona, un pueblo español sin agua

Agua para Carmona

6 A

Faltaba poco para llegar a Sevilla. Hacía un calor insoportable. Esperaba encontrar una habitación que tuviera ducha, pues deseaba cambiarme de ropa, lavarme, ducharme. De repente, a la entrada de Carmona, a unos 35 kilómetros de Sevilla, unas mujeres me hicieron señales para que me detuviera. Mucha gente, en su mayoría mujeres con niños, habían ocupado la carretera.

– ¿Qué pasa? ¿Qué se les ocurre? Dejen pasar, esto no puede ser ...

– Sí, señora, dice Vd. muy bien, esto no puede ser. Y por eso estamos aquí. ¿Sabe Vd. que estamos pidiendo agua para nuestras casas desde hace treinta años? Queremos que el país conozca nuestro problema, que todos sepan que aquí hay casas que llevan más de un año sin agua.

– Ni siquiera las fuentes que hay por las calles tienen siempre agua. Además, están contaminadas. Nos advierten que no bebamos el agua de las fuentes, pero ¿qué quieren que beba la gente?

– No les importa que se muera uno o que nos muramos todos.

– Sabemos que le molestamos, señora, pero si a Vd. le molesta tener que esperar unas horas, fíjese lo que nos molestará a nosotros que nos estén diciendo desde hace años que la cosa va a cambiar, y nada ... Bueno, algo han hecho, pero hasta ahora todo ha sido insuficiente.
– Lo que siento es que no esté la televisión. Pero ocuparemos la carretera hasta que llegue. Tenemos que acabar con esta situación.
– Mira allí los turistas. Parece que están de mal humor.
– No saben lo que pasa aquí. Me alegraría que lo supiesen, pero no entienden español. ¡Qué idea tienen ellos de lo que es Andalucía ...!

Más tarde, la policía logró desviar el tráfico. Llegué a Sevilla, aunque con dos horas de retraso, y encontré una habitación con ducha. Cuando abrí el grifo de la ducha, casi me sorprendió que saliera agua ... Otra sorpresa, pero desagradable, me llevé cuando al día siguiente leí el periódico:
«En el día de ayer, 1° de agosto, un grupo de unas dos mil mujeres y niños que protestaban por la falta de agua en Carmona organizaron varias «sentadas» en distintos puntos del pueblo, impidiendo durante tres horas, entre las dieciocho y las veintiuna, el tráfico en la carretera nacional IV, a la entrada y salida de la mencionada población. Cuando la Guardia Civil trataba de convencer a los numerosos vecinos para que dejaran libre la carretera, se disparó un arma de fuego hiriendo a dos de los allí presentes. Miguel Roldán Zafra, de treinta y siete años, sufrió heridas de carácter muy grave, de las que murió poco después, aunque fue llevado inmediatamente al puesto de socorro de Carmona.
En las primeras horas de la noche quedó totalmente restablecida la normalidad. Sevilla, 2 de agosto de 1974.
Gobierno Civil de Sevilla.»

1. quiero que lo sepa

sabe	– ¿Tu marido sabe adónde vas?
quiero que sepa	**¿No quieres que lo sepa?**

2. nos advierten que no lo hagamos

Nos advierten que es peligroso tomar el agua de la fuente.
Nos advierten que no tomemos el agua de la fuente.

3. no les importa que muera uno

no le molesta que fume	– **¿Le importa que me vaya?**
no le importa que fume	– En absoluto. Váyase Vd. si quiere.

4. morir/dormir para que no me muera para que durmamos mejor

duerma	– ¿Y aquí **quieres que durmamos**? Sin calefacción, y
duermas	con el frío que hace ...
duerma	– ¿Y qué quieres que hagamos? Ya he pedido más
durmamos	mantas **para que durmáis** bien calentitos.
durmáis	– ¿Y tú? **No quiero que te mueras** de frío.
duerman	– No importa, por mí no te preocupes.

5. morir/dormir

me dormí	– ¿A qué hora llegasteis a casa anoche?
se durmió	– Bastante tarde. Los otros **se durmieron** enseguida, pero
nos dormimos	yo no pude dormirme. Había tomado demasiado café.
se durmieron	**Me dormí** muy tarde.

6. la fecha

Fui a Sevilla **el primero de agosto de 1974.**
El dos (tres, cuatro ...) de agosto leí lo que había pasado.

7. unos

Unas mujeres habían ocupado la carretera. (Un número indeterminado de mujeres: algunas mujeres.)
Eran **unas 25 mujeres.** (No eran exactamente 25, eran 25 más o menos.)

6 C

1. Vd. está un poco preocupada porque su marido no está muy bien de salud. Sus vecinos también se han dado cuenta. Contésteles según el modelo:

> – Su marido trabaja mucho, ¿no?
> – ¡Cuántas veces le he advertido que no trabaje tanto!

a. Su marido fuma mucho, ¿verdad?
b. Su marido bebe mucho, ¿verdad?
c. Su marido duerme muy poco, ¿no?
d. ¿Por qué no va al médico su marido?
e. ¿Por qué no se toma unas vacaciones?
f. ¿Por qué no hace deporte su marido?

2. Lolita es la secretaria que lo organiza todo en la oficina. De repente se ha puesto enferma, y se presentan una serie de problemas ...

> – ¿Quién va a traducir estas cartas al inglés? A lo mejor las traduce Carmencita.
> – Sí, es posible que las traduzca ella.

a. ¿Dónde está la llave del armario? A lo mejor lo sabe el jefe.
b. ¿Quién conoce los detalles de este asunto? A lo mejor los conoce Paco.
c. ¿Quién ha escrito esta información? A lo mejor lo sabe Ana María.
d. ¿Quién ha escrito esta carta? A lo mejor la ha escrito Carmencita.
e. ¿Quién tiene el número de teléfono de Lolita? A lo mejor lo tiene Ana María.
f. He tratado de llamar a Lolita, pero no contesta. A lo mejor está durmiendo.

g. Ni siquiera sabemos si está en casa. A lo mejor sigue estando en el hospital ...

h. Tendríamos que hablar con su madre. ¿A lo mejor consigue Vd. hablar con ella?

i. Todos le deseamos que se mejore pronto. ¿Pero quién va a visitarla? ¿A lo mejor va Vd.?

3. Su mujer le está leyendo algunos anuncios que hay en el periódico. Conteste Vd. según el modelo (y con ironía, si quiere):

– «Chica cuida de niños» – Es lo que buscamos: una chica que cuide de los niños ...

a. «Piso cerca de la estación»
b. «Inglesa da clases de conversación»
c. «Coleccionista compra sellos»
d. «Mecánico repara coches»
e. «Secretaria, sabe idiomas»
f. «Chica alemana busca trabajo de cualquier tipo»

4. Hace poco, Vd. y su compañero hablaron con una chica que buscaba trabajo. Ahora, su compañero dice a otra persona cómo era la chica, y Vd. completa la información según el modelo:

– La chica escribía bien a máquina. – Y nosotros necesitábamos una chica que escribiera bien a máquina.

a. Sabía idiomas.
b. Tenía práctica profesional.
c. Era guapa e inteligente.
d. Estaba dispuesta a hacer horas extra.
e. Podía empezar enseguida.
f. Pero no trabajaba por 12.000 pesetas al mes.

5. Vd. no lleva prisa, y si le parece conveniente, puede esperar.

– Pepe viene a las cinco.	– Yo espero hasta que venga.

a. La secretaria escribirá las cartas.
b. La chica que quiere presentarse viene esta tarde.
c. A lo mejor tardaré mucho en conseguir la conferencia.
d. Me despediré en media hora.
e. El café se servirá en pocos minutos.
f. El taxi llegará en cinco minutos.

6. Ponga Vd. las formas correctas de los verbos indicados.

	Alcalá de Henares ... Eran las seis de la tarde.
a. faltar	.... poco para llegar a Madrid.
b. llevar	Yo no .... prisa.
c. estar	.... un poco cansada
d. decidir	y .... tomar un café.
e. buscar	.... un sitio en donde aparcar el coche,
f. estar	pero en todas partes .... prohibido aparcar.
g. poder	Por fin .... dejar el coche en un aparcamiento.
h. tomar	.... un café, dos cafés, tres cafés ....
i. sentirse	Después .... mucho mejor.
j. subir	.... al coche
k. seguir	y .... el viaje a Madrid.
l. llegar	Cuando .... a Madrid,
m. encenderse	ya .... las luces. Se había hecho tarde ...

7. Temas de conversación

¿Qué motivos habría en nuestra ciudad/en nuestro barrio para organizar una manifestación o una «sentada»?
¿Los niños pueden pasar las calles sin peligro?
¿Hay plazas suficientes en las guarderías infantiles?
¿Dónde pueden jugar los niños?
¿Dónde pueden reunirse los jóvenes y los viejos?

En este accidente de tráfico fue herida una pasajera

Un accidente de tráfico

7 A

En un cruce de carreteras había chocado un coche con un camión. De momento, los daños materiales parecían lo de menos, ya que la mujer que viajaba en el coche, al lado de su marido, había dado con la cabeza contra el cristal hiriéndose en la frente. Una señora detuvo su coche para ofrecer su ayuda:

– La llevo al próximo puesto de socorro o al hospital de Toledo.
– Muchas gracias, señora, no creo que haga falta.
– No se quite la sangre con ese pañuelo, señora. Lástima que no haya llevado puesto el cinturón de seguridad. No le hubiera pasado nada ... Ande, señora, véngase conmigo. Quizá no sea nada, pero un golpe así no es para bromas.
– Sí, Margarita, la señora tiene razón. Yo, de todas formas tengo que quedarme hasta que venga la policía. Además, creo que habrá que remolcar el coche. Anda, vete con esta señora para que te asista un médico ...
Se alejó el coche. Un minuto después llegó la policía.

– Buenas tardes. ¿Es Vd. el conductor del camión? Su carnet de conducir, por favor. No le ha pasado nada, ¿verdad? Ni al camión tampoco, por lo que se ve ... ¿Y Vd. es el conductor del coche?
– Sí, aquí tiene mi permiso de conducir.
– ¿Vd. iba a mucha velocidad?
– Yo no, pero el camión venía por esa curva a una velocidad espantosa.
– Y Vd. no respetó la preferencia. ¿No ve Vd. las señales que hay allí? A ver qué pasa con su coche. Hombre, la parte delantera ha quedado muy mal. Pero en fin, las ruedas y los neumáticos parecen intactos. A ver, ponga Vd. el motor en marcha ... Pruebe los frenos ... Muy bien, perfectamente. Así por lo menos puede ir hasta Toledo. Pero antes hablemos de la multa ...

Muertos de hambre

– ¿Qué te pasa? ¿Por qué pones esa cara?
– Me muero de hambre.
– Hombre, podías haberlo dicho. Oye, mamá, Pepe está muerto de hambre. ¿Nos haces unos bocadillos antes que nos vayamos?
– Enseguida os los preparo. Pero oye, no grites, papá está durmiendo ... Ahora, ¿dónde os pongo los bocadillos? Si la mesa está toda cubierta de libros, papeles ...
– Ponlos ahí, mamá, donde quieras. Toma, Pepe.

1. sentir → II.14 sintiendo → II.13

– ¿Cómo está Paco? – Creo que ya se va **sintiendo** un poco mejor.
– ¿Fue grave el accidente? – El no llevaba puesto el cinturón de seguridad, por eso dio contra el cristal **hiriéndose** en la frente.
– ¿Y qué dice el médico? – **Refiriéndose** a los dolores de cabeza dice que debe quedarse quieto en la cama durante unos días.

2. durmiendo/muriendo

	Pepe está contando cosas muy graciosas, y todos se ríen muchísimo.
durmiendo	– ¡Ay, que me muero de risa!
muriendo	– ¡Chis! Papá está **durmiendo**, dejadle dormir.

3. muerto cubierto

dormir	dormido	– ¡Chis! Papá se ha **dormido** . . .
morir	muerto	Llegó medio **muerto** del trabajo.
cubrir	cubierto	Dejémosle dormir y vámonos de paseo.
		– ¿No ves que el cielo está **cubierto**? Va a llover, y no tengo ganas de mojarme . . .

4. ni tampoco

no . . .	– Carmen no fue al cine anoche, ¿verdad?
ni . . . tampoco	– **Ni** su hermana **tampoco**.
ni . . . ni	Hace tiempo que no la veo **ni** a ella **ni** a su hermana.

1. Ponga Vd. la forma correcta de los verbos indicados.

a. referirse
– El Ministro habló de varios problemas.
– ¿ . . . . también a la situación actual en las fábricas?
b. preferir
– ¿Va Vd. con nosotros? Primero vamos a cenar, y después, al cine.
– Pues yo . . . . que vinieran Vds. a buscarme para ir al cine.
c. divertirse
– ¿Sus hijos salieron de excursión el fin de semana?
– Sí, y parece que . . . . muchísimo. Volvieron muy contentos.
d. convertir
– ¿Existe todavía ese palacio tan antiguo?
– Sí, ahora lo están . . . . en museo.
e. advertir
– ¿Me permite que le . . . . una cosa? Es que su hija . . .
– Le . . . . que no se meta en lo que no le importa.
f. sentir
Mis amigos tuvieron que marcharse de repente. Me han rogado que le diga que lo . . . . mucho.

2. Ponga Vd. la forma correcta de los verbos indicados.

	– ¿Se ha enterado Vd. de lo que pasó en Carmona?
a. herir	– La Guardia Civil . . . . a dos o tres personas, ¿no?
b. morirse	– Sí, a uno tuvieron que hacerle inmediatamente una operación para que no . . . .
c. morir	– Y otro . . . . mientras le llevaban al puesto de socorro.
d. conseguir	– Los habitantes de Carmona . . . . impedir el tráfico durante varias horas, ¿eh?
e. servir	– Yo no acabo de entender para qué . . . . estas «sentadas».
	– Claro que son necesarias. Los de Carmona están

f. pedir .... agua desde hace muchos años, y nada...
g. conseguir – Esperemos que esta vez .... algo.

3. Desde hace algunos días, está Vd. un poco despistado. Conteste según el modelo:

– ¿Me dice Vd. cuándo volverá? – ¿No se lo he dicho?

a. ¿Me devuelve Vd. los libros que le dejé?
b. ¿No abre Vd. las cartas certificadas que han llegado?
c. Vd. hablaba de una solución muy sencilla. ¿Por qué no la propone Vd.?
d. ¿Por qué no pone Vd. su nombre en la carta?
e. ¿No quiere Vd. ver estas cartas?
f. ¿No quiere Vd. hacer lo que me ha prometido?

4. Repita Vd. el ejercicio 3 contestando según el modelo siguiente:

– ¿Me dice Vd. cuándo volverá? – ¡No me diga que no se lo he dicho!

5. Repita el ejercicio 3 contestando según el modelo siguiente:

– ¿Me dice Vd. cuándo volverá? – Creía que se lo había dicho.

6. Temas de conversación

¿De cada 10 conductores que van en coche por la ciudad, ¿cuántos llevan puesto el cinturón de seguridad?
¿Por qué no lo llevan puesto todos?
¿Y qué hace Vd.?
¿Sería justo aumentar el seguro para los que no se obligan a llevar el cinturón de seguridad?
¿O es mejor obligar, como en España, a todos los conductores a que lo lleven puesto?

Blanca

8 A

Por fin llegan mis amigos. Vienen a buscarme para hacer una excursión Bajo rápidamente las escaleras. Al salir de casa, por poco me caigo.
– Cuidado, despacio, no te caigas. Hola, perdona el retraso. Tú no conoces a Blanca, ¿no? Vendrá con nosotros. Bueno, Blanca, éste es Fernando.
– Hola, Fernando.
– Hola, ¿qué tal? Pero ¿cómo? Ya sois cuatro. A ver si quepo yo también.
– No te preocupes. Tú sí que cabrás. Pero tu bolsa ... Me temo que no quepa. ¿No te he dicho que lleves lo menos posible? A ver ... Bueno, sí, cabe. Vale, vamos ... Blanca es amiga íntima de mi hermana, ¿sabes? Las dos trabajan juntas. Y como mi hermana está resfriada y no puede salir con ella, viene con nosotros ... Y Fernando es un amigo nuestro de los tiempos del colegio.
– Supongo que jugarás en el mismo equipo de fútbol, Fernando ...
– No, no, por Dios, para eso no valgo yo. Soy muy lento.
– ¡Cómo no vas a valer! Fernando es un tipo muy deportista, ¿sabes?
– Lo que pasa es que hay otros deportes que me gustan más ...
Sin darme cuenta, me pongo a pensar. «¿De dónde conozco yo a esta chica?

EL TIEMPO

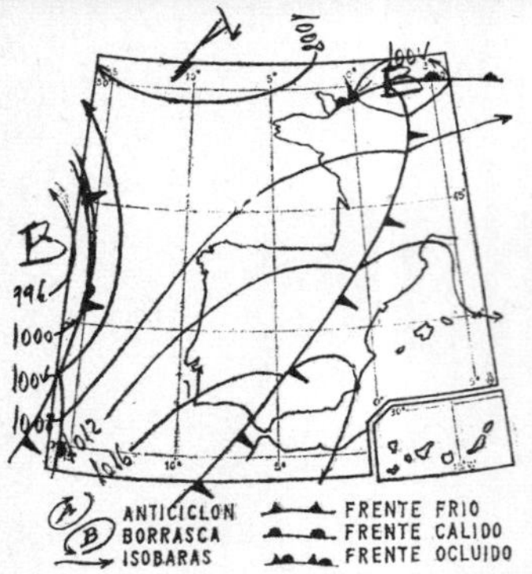

Borrasca muy activa al W de Galicia y otra secundaria en el N de Francia. Vientos del SW, húmedos, sobre la Península; con atmósfera inestable.

PRONOSTICO

AREA DE MADRID. — Nuboso, con riesgo de chubascos y fenómenos tormentosos. Vientos del SW, racheados, y temperaturas moderadas.

GALICIA. — Muy nuboso o cubierto, con chubascos, que serán más frecuentes y copiosos en el W. Vientos fuertes del SW.

DUERO. — Nuboso, con chubascos dispersos, ocasionalmente de origen tormentoso.

EXTREMADURA.—Nuboso, con precipitaciones débiles.

LA MANCHA.—Nuboso o muy nuboso, con chubascos y tormentas.

ANDALUCIA.—Muy nuboso, con chubascos tormentosos.

LEVANTE.—Nuboso, empeorando por la tarde, con chubascos y núcleos tormentosos.

EBRO.—Muy nuboso, con chubascos y fenómenos tormentosos.

CATALUÑA. — Nuboso, empeorando por la tarde, con chubascos al final de la jornada.

BALEARES. — Poco nuboso, empeorando a última hora, con riesgo de chubascos.

MAR.—Temporal del SW en la mitad meridional de Finisterre y en San Vicente, con mar gruesa.

AVANCE DE PRONOSTICO PARA EL VIERNES SANTO

Nubes y chubascos en la vertiente atlántica. Nuboso en la cantábrica y mitad septentrional de la mediterránea, con riesgo de chubascos. Parcialmente nuboso en el resto de la Península.

¿La he conocido en alguna ocasión anterior o se parece simplemente a otra persona? Es baja, tiene una cara muy mona y un poco dulce, pero a la vez de mucha personalidad. Es morena, tiene el pelo corto, unos ojos muy vivos y unos movimientos muy graciosos, los dedos finos ... Está vestida como muchas chicas, pero tiene a la vez un estilo muy personal, no sé por qué. ¿Será la combinación de los colores? Falda ancha de color violeta, jersey de lana gris y pañuelo de color naranja ... ¿Dónde he visto yo a esa chica? ...»

– Estás muy callado, Fernando, ¿qué te pasa?

– Nada Enrique, nada. Pero me da la impresión de que no es la primera vez que veo a Blanca ... ¿Es posible que nos conozcamos?

Tiempo variable

– Ha refrescado bastante, ¿eh? ¿Ha oído Vd. la radio? ¿Qué tiempo hará mañana?

– No me he fijado. Pero ya sabe Vd. que aquí, en el Norte, varía mucho. Y el invierno empieza muy temprano este año. Casi no hemos tenido otoño. En la montaña ya nieva. Me parece que han dicho que habrá niebla por la mañana.

– Y por la tarde tampoco se verá el sol. Hoy también el cielo ha estado cubierto de nubes toda la tarde ...

1. caigo valgo quepo

caer	**caigo** (→ caiga),	caes,	cae ...	
valer	**valgo** (→ valga),	vales,	vale ...	
caber	**quepo** (→ quepa),	cabes,	cabe ...	(cupo → cupiera)

2. envía varía continúa

envío	continúo	– ¿**Envía** Vd. los paquetes por correo aéreo?
envías	continúas	¿Y cuánto tiempo tardan en llegar a Lima?
envía	continúa	– Eso **varía** mucho.
enviamos	continuamos	– ¿Y su hijo **continúa** empleado en Lima?
enviáis	continuáis	– Mis dos hijos **continúan** trabajando allí.
envían	continúan	Cada semana me **envían** una carta.

(Los otros verbos en -iar: cambio dinero, limpia los zapatos, etc.)

3. al salir

al salir de la casa	**Al salir** de la casa, por poco me caigo.
al escribir la carta	**Al salir** de la casa, por poco me caí.
al subir al autobús	(En el momento de salir de la casa ...)

4. éste ése aquél

esa lámpara	– ¿Cuánto cuesta **esa lámpara** roja?
ésta(s)	– ¿Cuál? Ah, **ésta** ...
ésa(s)	– No, no es **ésa,** una de **aquéllas** que están detrás.
aquélla(s)	– **¿Estas?**
	– Sí, una de **ésas.** ¿Cuánto valen?

5. -dad -ación -ista -able in-

cómodo – comodi**dad**	variar – vari**able** – **in**variable
húmedo – hume**dad**	comparar – compar**able** – **in**comparable
combinar – combin**ación**	deporte – deport**ista**
contestar – contest**ación**	eléctrico – electric**ista**

1. Está Vd. preparando un viaje. Conteste según el modelo:

– ¿Por qué no se lleva Vd. estos zapatos? Los necesitará. – No creo que los necesite.

a. Llévese los zapatos negros también. Caben en esa maleta.
b. Vd. ha pedido el billete del avión por teléfono, ¿no? ¿Se lo envían a casa?
c. Mande Vd. un telegrama para reservar hotel. Vale la pena.
d. He oído hablar de que la peseta va a subir. ¿Subirá mucho?
e. Está haciendo un tiempo estupendo. ¿Cree Vd. que cambiará?
f. Pero hace cada vez más calor. ¿Continuará este calor?

2. A Mary le gusta que le digas muchas veces que la quieres. Contesta según el modelo:

– Estando tan cansado, no tendrás ganas de bailar ... – Pero Mary, si bailando contigo soy el hombre más feliz del mundo ...

a. ¿No quieres que hoy estudiemos juntos?
b. ¿No te gusta que discutamos?
c. ¿Ya no me haces más fotos?
d. Te aburro, ¿verdad? Como has dejado de escucharme ...
e. Ya no te gusto, ¿verdad? Como ya no me miras ...
f. Perdona que llegue tarde. ¿Estás enfadado de tanto esperarme?

3. Complete Vd. las frases con las palabras convenientes. Si no falta nada, ponga una cruz (x).

a. Antes de marcharme de casa suelo llamar .... teléfono .... mi novia. Su número me lo sé .... memoria.
b. Ayer hubo un malentendido entre nosotros. Lo pondré .... claro cuando la vea.
c. Tuve la impresión .... que se había enfadado conmigo porque llegué tarde.

d. A ella le molesta bastante .... tener que esperar.

e. Estoy muerto .... hambre. Tengo que comer............ lo menos un bocadillo.

f. Cuando estoy con hambre, me pongo .... mal humor.

g. Bueno, comeré algo y después intentaré ponerme .... trabajar.

h. .... realidad, me duele la cabeza y me gustaría irme a casa.

i. Pero me da vergüenza .... decírselo a los compañeros y me voy a aguantar.

j. –¿Cómo? ¿Vd. se toma otro coñac? ¿No quería Vd. dejar ..... beber?

k. – Es lo que quería. Pero me es imposible .... dejarlo.

l. Soy incapaz .... dejarlo.

m. Pero no volveré .... beber tanto como antes, eso no.

n. Y ya me estoy dando cuenta .... que bebiendo menos estoy mejor.

o. Mi médico sigue insistiendo .... que no beba absolutamente nada.

p. Pero me parece imposible por la sencilla razón .... que me pondría

q. tan nervioso que no tiene objeto .... intentarlo.

– ¿Qué está buscando Vd.?

r. – Echo .... menos una carta

s. que acabo .... recibir pero que todavía no he leído,

t. y me interesa mucho saber .... lo que dice. Ah, aquí

u. la tengo. Vamos a ver: «Muy señor mío: Le sorprenderá .... recibir

v. una carta mía ... No estoy conforme .... Vd.

w. Lo que dice Vd. sobre el asunto no es verdad. Al contrario, es .... revés.

x. Pero .... el fondo no debería haber ningún problema ...»

y. Yo no sé lo que quiere ese señor. .... lo mejor está loco.

4. Temas de conversación

Continúen Vds. la conversación entre Blanca, Fernando y el otro amigo. Hay varias posibilidades:

- Fernando ha visto a Blanca (¿dónde?), pero ella no le conoce a él.
- Resulta que, efectivamente, los dos se conocieron hace unos años.
- Blanca ha salido en una película, con un papel de poca importancia, y Fernando ha visto la película.

¿Qué le parece el tiempo que está haciendo últimamente?
¿Qué tiempo hará mañana/el fin de semana?

Mañana quería Vd. hacer una excursión con unos amigos. Lea Vd. primero atentamente lo que dice el periódico sobre el tiempo (pág. 50). Después, llame Vd. a sus amigos explicándoles la situación y proponiéndoles aplazar la excursión para la semana que viene.

Test 2

Marque Vd. la solución correcta. Si hay dos correctas, marque las dos.

a. – Su hijo llegó bastante cansado del viaje, ¿no?
– Sí, ... viendo la televisión.
1 dormía
2 se durmió
3 se ha dormido

b. – ¡Qué tiempo!
– No se queje Vd., es .... día de lluvia en tres semanas.
1 el primer
2 el primero
3 la tercera

c. – Venga Vd. mañana. Caso que no .... yo, pregunte por mi hermano.
1 estaría
2 esté
3 soy

d. – Yo empecé a fumar a los 14 años porque todos mis amigos...........
1 fumaban
2 fumaron
3 han fumado

e. – ¿Le gusta jugar .... las cartas?
1 a
2 con
3 x (no falta nada)

f. – Voy a llamar un taxi.
– Quédese Vd. a tomar una copa más y tome el tren de las seis. Aunque .... un taxi, ya es tarde para el tren de las cinco.
1 toma
2 tomaría
3 tome

g. – Muchas gracias por todo lo que ha hecho por mí.
– No hay de qué. Si algo más le .... falta, dígamelo con toda confianza.

1 hace
2 haga
3 hará

h. – Cogemos el auto-expreso. Así, vamos los 600 km .... tranquilamente.
1 dormido
2 durmiendo
3 durmiéndonos

i. – ¡Cuántas veces me has prometido salir de vacaciones!
– Cuando .... terminado este trabajo, tendré más tiempo, te lo aseguro.
1 haga
2 haré
3 haya

j. – ¿Se casará Alfonso por fin?
– No creo. El .... hablando de las mujeres que se enamoran de él, pero ya ves, con la cara que tiene ...
1 continua
2 continúa
3 continuó

k. – ¿Le importa que .... la ventana?
1 abra
2 abro
3 haya abierto

l. – Ah, perdone Vd., no sabía que le .... el humo. Ahora mismo apago el cigarro.
1 molesta
2 molestaba
3 moleste

m. – Cuando mi padre me ofreció el primer cigarrillo lo ....
Ahora fumo de vez en cuando, pero puedo vivir muy bien sin tabaco.
1 aceptaba
2 acepté
3 había aceptado

n. – Le advierto que no .... verdad todo lo que dice ese muchacho.

1 es
2 está
3 sea

o. – Y yo le advierto a Vd. que no .... en lo que no le importa.
1 me meta
2 se meta
3 se mete

En cada uno de los seis cortos diálogos que siguen falta la contestación. Elija entre las frases 1–12 la que mejor va con cada diálogo.

p. – ¿Le gustaría hacer una excursión con nosotros?
– ....

q. – Le iremos a buscar a su casa.
– ....

r. – Ya son Vds. cuatro.
– ....

s. – Yo no conozco a Blanca.
– ....

t. – ¿Le gusta jugar al fútbol?
– ....

u. – ¿Es ésta una foto de Pili?
– ....

1 A mí me gustó mucho la montaña.
2 ¡Cómo no vas a conocerla!
3 Entonces es imposible que la conozcas.
4 Es el deporte que menos me atrae.
5 ¡Hay que ver cómo juega!
6 No es nada fácil encontrar una casa.
7 No es su hermana, ¿qué le parece?
8 No, es su hermana. Se le parece mucho.
9 No importa, cabemos todos en el coche.
10 Prefiero que me recojan en otro sitio.
11 Sería mejor a las cinco.
12 Si tuviera tiempo, sí.

Interior de un parador nacional

«Cerrado por obras»

9 A

– Hola, ¿qué tal? ¿Qué hicieron Vds. el domingo?

– Nos dimos un paseo en coche por la Costa Brava. Ahora, que no hay turismo, es una maravilla. De verdad, es una cosa incomparable.

– ¿Dónde comieron?

– Ah, esto sí que tengo que contárselo. Mi hijo propuso que fuéramos al parador de Aiguablava. Pero ya verá. En el primer poste indicador que hallamos observé, debajo del nombre del parador, un gran letrero que decía «Cerrado por obras». Detuve el coche para mirar el mapa. Pero mi hijo me dijo que no hiciera caso del aviso.

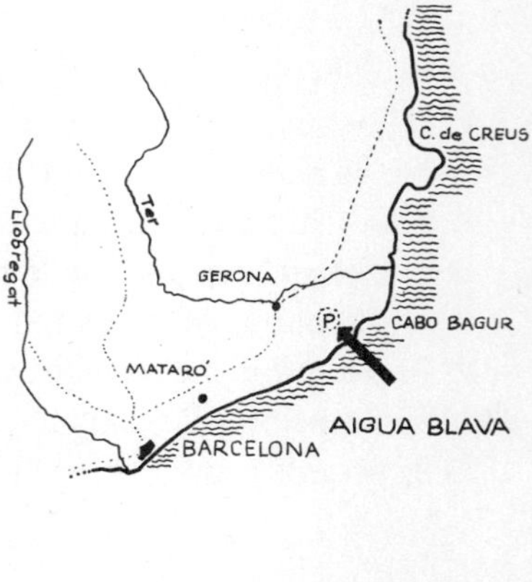

– Y eso, ¿por qué?

– Por casualidad, él había estado recientemente allí. Entonces ya existía el mismo letrero, y a pesar de ello pudieron comer perfectamente. De modo que seguimos hasta Aiguablava.

– ¿Y el parador?

– Estaba abierto. ¿Lo conoce Vd.? Es uno de los sitios de mayor belleza de toda aquella zona. Hacía un día magnífico, pero el comedor se hallaba ocupado solamente a medias.

– No me sorprende que fuera así.

– Claro, nosotros también nos habríamos dado la vuelta para buscar algún otro restaurante si no hubiese estado mi hijo con nosotros.

– ¿Tal vez lo que se hallaba cerrado era el alojamiento?

– No se me ocurrió preguntar. Pero si fuera así, se pregunta uno ¿por qué no ponen simplemente «Abierto sólo el restaurante»?

– Si se tratara de una empresa privada, no diría nada. Allá ellos ...

– Pero aquí se juega con el dinero del Estado, y eso me pone furioso. Es increíble ...

Rascacielos en la playa

– ¿Qué tal vuestro pueblo?

– Bueno, como en toda la costa. Está viniendo cada vez más gente. El turismo lo está cambiando todo.

– ¿Siguen construyendo hoteles?

¿Están repitiendo los errores de otros sitios?

– Sí, pero me parece que no están repitiendo los errores de otros sitios. A los extranjeros no les dan todas las facilidades que piden, ni han permitido hasta ahora que se construyan rascacielos. Incluso han prohibido la construcción de un hotel que hubiera quitado la vista a otros. Les preocupa que pueda pasar lo mismo que en Fuengirola, por ejemplo. Yo no he estado allí, pero dicen que a las cuatro de la tarde tienes que buscar un sitio para tu hamaca adonde llegue el sol. Los rascacielos hacen sombra como si uno estuviera en Nueva York.

– ¡Y pensar que los turistas vienen precisamente porque sueñan con el sol!

– En mi pueblo parece que prohiben que se construya así. Pero claro, si llega uno que tiene enchufe ...

– Pero vuestras playas tienen una extensión enorme. Todavía hay sitio ...

1. . . . que venga

Me sorprende que venga. (Es extraño que venga → II.19).
Me preocupa que no venga. (Temo que no venga → II.2).
Le prohiben que venga. (No le permiten que venga → II.1).

2. va al cine/fue al cine es así/fue así

fui	– Anoche **fui** al cine con algunas amigas. Yo era
fuiste	el único hombre. **Fue** muy divertido.
fue	– ¿Y Alfonso no **fue** con vosotros?
fuimos	– No, pero no era extraño que no **fuera.** De
fuisteis	momento trabaja muchísimo.
fueron → fuera/fuese	– No creía que él **fuera** tan trabajador . . .

3. construir

construyo →	construya	– **Están construyendo** otro hotel en la
construyes	construyas	playa, ¿verdad?
construye	construya	– Uno, sí. Querían construir dos, pero
construimos	construyamos	el otro no creo que lo **construyan.**
construís	construyáis	– ¿Y quiénes son los que lo **construyen?**
construyen	construyan	– Un grupo de españoles y extranjeros.

4. se habla español → I.21 se pregunta uno

se pregunta	– Juan **se pregunta** cada día qué pasará si
uno se pregunta	pierde su trabajo . . .
se pregunta uno	– Claro, **se pregunta uno** qué vendrá.

5. un sitio adonde llegue el sol → II.12

6. -ible

creer – incre**íble**	discutir – indiscut**ible**
preferir – prefer**ible**	comprender – (in)comprens**ible**

1. Conteste Vd. según el modelo:

– Su hermano quiere comprar un coche, ¿no? ¿Cuándo lo comprará?
– Lo compró ayer.

a. Esta semana hay un concierto de un guitarrista argentino, ¿no? ¿Cuándo es?
b. Esta semana vienen sus padres, ¿no? ¿Cuándo vienen?
c. Su hermana se va pronto a Madrid, ¿verdad? ¿Cuándo se irá?
d. Su padre tiene 49 años, ¿no? ¿Cuándo cumplirá los 50?
e. Vd. está esperando una carta de París. ¿La ha recibido ya?
f. El nuevo televisor que ha comprado Vd., ¿cuándo se lo van a traer?

2. Conteste según el modelo:

– Viene cada vez más gente. ¿Le sorprende?
– ¿Que venga cada vez más gente? No, no me sorprende.

a. Todo está cambiando. ¿Le sorprende?
b. Siguen construyendo hoteles. ¿Le parece extraño?
c. Los extranjeros piden facilidades. ¿Le parece extraño?
d. Tienen nuevos proyectos. ¿Le preocupa?
e. Quieren construir un hotel enfrente. ¿No le preocupa?
f. Pondrán garajes al lado de su casa. ¿Vd. lo permitirá?

3. Indique Vd. cuál de las tres frases 1, 2, 3 explica mejor el sentido de la frase anterior.
Además, discutan Vds. lo que significan las otras frases.

a. Para comer va a cualquier restaurante.
1 No le importa ir a un restaurante u otro.
2 Va a un restaurante que nosotros no conocemos.
3 Va cada día al mismo restaurante.

b. Su amigo está de Rodríguez.
1 La mujer de su amigo está de viaje.
2 Su amigo está buscando novia.
3 Su amigo está trabajando por Rodríguez.

c. El camarero no se ha dado cuenta.
1 Nos ha dicho cuánto le debemos, sin darnos la cuenta.
2 No ha contado nada.
3 No lo ha visto.

d. Los dos quedaron muy contentos.
1 Estuvieron contentos con el resultado.
2 No se marcharon porque estaban contentos.
3 Siguieron muy contentos.

e. Tengo confianza en él, nunca me ha escondido nada.
1 Me habla muy francamente de todo lo que hace.
2 Yo misma elijo siempre las cosas que quiero comprar.
3 Yo sé dónde está su dinero y todo.

f. Le hacía falta dinero.
1 Echaba de menos su dinero.
2 Le faltaba una parte de su dinero.
3 No tenía el dinero suficiente.

g. El no ganaba tanto como su hermano, ni mucho menos.
1 Ganaba mucho menos que su hermano.
2 Ganaba un poco más que su hermano.
3 Ganaba un poco menos que su hermano.

h. No vuelven a hacerlo.
1 Lo han hecho una sola vez.
2 No lo hacen otra vez.
3 No regresan para hacerlo.

4. Temas de conversación

¿Conoce usted en nuestro país algún caso de mala organización en una empresa del Estado?
¿Qué le ha hecho enfadarse a usted en los últimos quince días?
No sólo en las costas españolas se construye a veces sin pensar en las consecuencias. ¿Conoce usted algún caso en nuestra ciudad, en nuestro país?

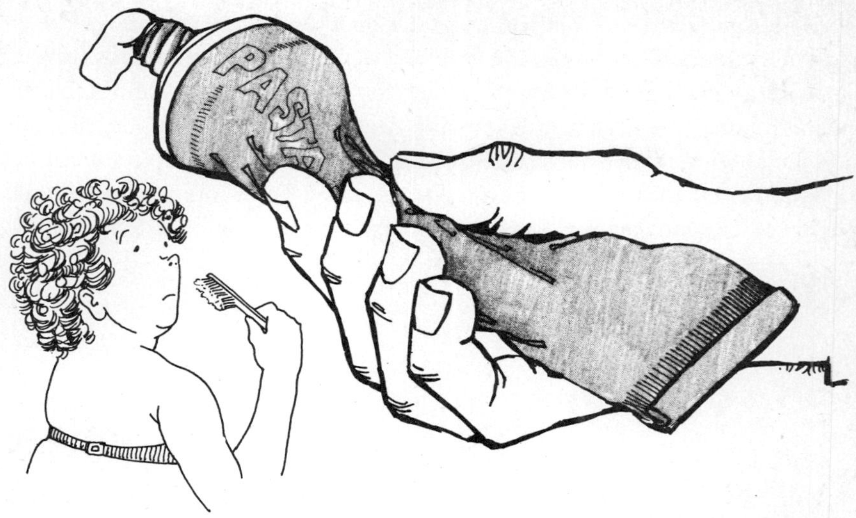

La pasta dentífrica **10 A**

Muy señor mío:

Me permito hacerle constar que no se debe echar a nadie la culpa de mi muerte. Y que no empiecen a decir que si yo era un drogadicto o un desilusionado de la vida. Nada de eso, señor Juez. Yo era un hombre normal, dentro de lo que cabe. Procuraba hacer el bien a los demás, quería a mis amigos y perdonaba a mis enemigos como Dios manda. ¿Que por qué me quito la vida? preguntará usted. Pues bien, me la quito porque acabo de matar a mi mujer. ¡No! No piense usted que se trata de celos ni nada parecido. De verdad, nada por el estilo. Mi mujer me quería, yo la quería, los dos nos queríamos. ¿Entonces? Entonces, la maté a causa del dentífrico ... Tenía ella la mala costumbre de apretar el tubo por el centro, dejando en la parte de atrás un resto de pasta, el tubo reventaba ensuciándolo todo. Yo le decía cariñosamente: – ¡No hagas eso, cariño! ¡No aprietes por el centro, aprieta por el fondo, y luego se va enrollando! Pero ella seguía apretando el tubo por la parte más inadecuada. ¡Que no es éste un motivo para quitarle la vida a una persona? ¡Pues sí! El hecho de rechazar mi consejo significaba, a mi juicio, una falta de amor y, ¿por qué no decirlo?, una infidelidad. Sí, mi mujer me era infiel a la hora de limpiarse los dientes, y de ahí a engañarme en otros momentos más graves tan sólo había un paso. Y antes que llegara ese momento decidí cortar por lo sano y la maté. Luego, al comprender que estaba solo, que echaba de menos las discusiones del tubo – es sorprendente hasta qué punto se acostumbra uno – decidí seguir su camino, que es lo que me permito anunciarle en este momento.

Le saludo muy atentamente,

TONO

Esquís, en el sexto

– ¿Te gusta tu trabajo en el Corte Inglés?
– Me gustó. Pero desde que renuncié a mi puesto en el cuarto piso, ropa para señoras, estoy fastidiada.
– ¿Por qué? ¿Dónde estás ahora?
– En la planta baja, al lado de la entrada. Siempre hay corriente ... ¡Y los clientes! De momento estoy vendiendo guantes y paraguas. «Ay, señorita, éste tiene un agujero, ¿no lo ve? Como si se hubiera cortado con una tijera, ¿no?» Así hay cada día una reclamación. Yo no sé qué hacen con los paraguas. Luego me tiran los guantes al suelo para pedir después una rebaja porque están sucios. Pero los peores son los que entran para no mojarse cuando empieza a llover. Incluso me piden que les envuelva cosas que han comprado en otro sitio. Y lo que me preguntan constantemente, aunque hay un enorme letrero de información en la misma entrada: «Señorita, para comprar laca, ya sabe, para el pelo ... Señorita, quisiera comprar una pelota para el niño ... Dígame, ¿los libros? Me han dicho que tienen unos cuentos americanos ...» Y así todo el día. Yo les contesto: «Libros, en el octavo; pelotas, en el cuarto; navajas, en el quinto; artículos de deporte, en el sexto; vendas elásticas, en la farmacia de enfrente; maletas, en el séptimo; la próxima función de cine, pregunte Vd. en el cine ...; lámparas de metal, en el noveno; dirección y créditos, en el décimo ...»
– ¿Tenéis diez pisos?
– No sé. Allí miro siempre el letrero. Pero ¿comprendes que a veces es difícil contenerse? De repente te entran ganas de mandarlos todos al piso once, aunque no existe ...

10 B

1. primero segundo tercero etc. → 5.3

1°	el primer piso	7°	el séptimo día
2ª	la segunda vez	8ª	la octava vez que viene
3°	el tercer coche	9ª	la novena sinfonía
4°	el cuarto hijo	10ª	la décima parte
5ª	la quinta calle	11	en el piso once
6ª	la sexta semana	20	el siglo XX (veinte)

2. Antes que llegue ese momento tengo que hacer algo. → II.8.3
Antes que llegara ese momento decidí evitarlo y la maté. → II.16.2

10 C

1. Dígame Vd. que espere un momento.

> – Me voy. – No se vaya, antes tengo que hablar con Vd.

a. Me compro el coche. **b.** Alquilo la casa. **c.** Hablo con el abogado. **d.** Envuelvo los regalos para los chicos. **e.** Recojo las maletas que tengo en la estación. **f.** Me despido.

2. Repita el ejercicio 1 contestando de la forma siguiente:

> – Me voy. – Me parece muy bien, váyase Vd.

3. Vd. no ha tenido tiempo para hacer las cosas o se ha olvidado de hacerlas . . .

> – ¿No va a abrir Vd. por fin las ventanas?
> – Ya las hubiera abierto, pero . . .

a. ¿No va a abrir Vd. por fin las otras botellas?
b. ¿Cuándo va a ver Vd. por fin a su abogado?

c. ¿Cuándo va a poner Vd. por fin el telegrama para Londres?
d. ¿No va a hacer Vd. por fin las maletas?
e. ¿No me va a decir Vd. por fin cómo se llama ese hotel?
f. ¿Cuándo va a romper Vd. por fin esos documentos falsos?
g. ¿Cuándo va a escribir Vd. por fin al señor Vidal?
h. Mañana vienen a pintar el despacho. ¿No va a cubrir Vd. de papel los muebles?

Situación de nuestros departamentos

EL CORTE INGLES	
9ª planta	cafetería – restaurante – terraza
8ª planta	deportes en general (caza, pesca, tenis, etc. etc.) prendas deportivas – camping – playa – muebles jardín y terraza – juguetería en general – peluquerías para señoras y caballeros – agencia de viajes – cheque regalo – accesorios automóvil – dirección
7ª planta	flores – lámparas – animales – listas de boda – oportunidades – juguetes
6ª planta	tapicería – papeles pintados – ropa de cama – ropa de mesa supermercado – alfombras – toallas – paños cocina
5ª planta	confecciones en general para jovencitas y jóvenes – ropa interior – baño – discos – regalos – boutique jovencitas – boutique jóvenes – departamento de cuentas
4ª planta	confecciones en general para niñas, niños y bebés – punto – ropa interior – baño – sombreros y toda clase de complementos para niñas, niños y bebés – regalos para bebés – carrocería – cunas y muebles para bebés boutique el rey de la casa – equipos colegiales – guardería infantil
3ª planta	confecciones en general para caballeros – punto – ropa interior – baño – sombreros y toda clase de complementos para caballeros – departamento de medida – boutique caballeros
2ª planta	tejidos en general – lanas para labores – boutique del tejido – zapatería en general – boutique del calzado – boutique de la piel – artículos de viaje – vestidos económicos

1ª planta	confecciones en general para señoras – boutique para novias – punto – lencería – corsetería – bañadores – futura mamá – boutique señoras
planta baja	medias – pañuelos – guantes – cinturones – abanicos – paraguas – bolsos – sombreros señora – perfumería – joyería – fotografía – relojería – souvenirs – librería – papelería – discos – instrumentos musicales – estanco – artículos fumador – información
1ᵉʳ sótano	artículos para el hogar – menaje – baterías de cocina – cuberterías – cristal – electrodomésticos – muebles cocina – boutique del regalo
2º sótano	aparcamiento – oficina de envíos nacionales y al extranjero – objetos perdidos

4. Mire el letrero de orientación del Corte Inglés y diga adónde tenemos que dirigirnos para comprar lo siguiente:

pantalones para esquiar
jabón
una falda para mi hija de 13 años
un tren eléctrico para el niño
una maleta ligera para avión
cigarrillos
una hamaca para la terraza
unas toallas grandes
un cinturón
cinturones de seguridad
sobres para cartas
sellos

Conteste, además, a estas frases:
– ¿Dónde se puede tomar un refresco?
– Me parece que perdí por aquí un guante . . .
– Es muy pesado ir de compras con un niño de tres años.

5.

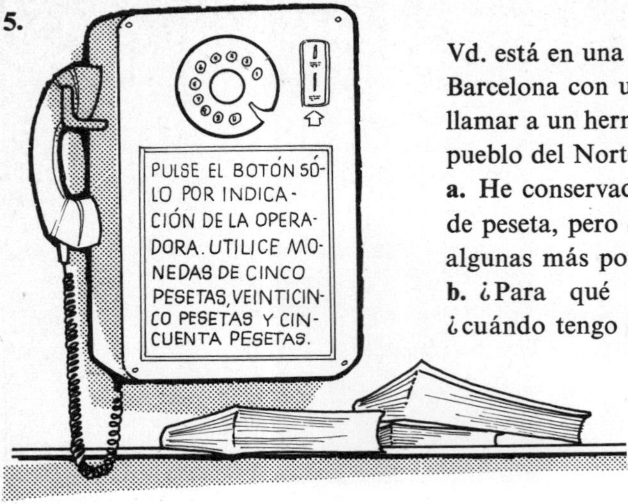

Vd. está en una cabina telefónica de Barcelona con un amigo que quiere llamar a un hermano que está en un pueblo del Norte.

a. He conservado muchas monedas de peseta, pero ¿me podría Vd. dar algunas más por si acaso?

b. ¿Para qué sirve este botón? ¿cuándo tengo que pulsarlo?

6. Temas de conversación

¿Qué le parece a Vd. eso de enrollar la pasta dentífrica «como Dios manda»?
Cuando llega a casa – después de comer – después de leer el periódico – al cambiar de ropa, ¿pone Vd. inmediatamente «cada cosa en su sitio»?
¿Por qué (no)?
¿Es una cuestión de carácter, de educación o de costumbre?

¿Le gusta ir de compras a los grandes almacenes como el Corte Inglés?
¿Va Vd. de vez en cuando para mirar, nada más?
Cuando quiere comprar una cosa elegante y no muy barata, ¿prefiere ir a los grandes almacenes o a un comercio especializado?
Para orientarse en los grandes almacenes, ¿pregunta Vd. a una vendedora o mira al letrero de información?
Cuando está en los grandes almacenes, ¿no le entran de repente ganas de llevarse algo sin pagar?
¿Son solamente los pobres los que roban en los grandes almacenes?

Por unas carreteras más seguras **11 A**

En una conferencia de prensa organizada por la Asociación Española de la Carretera se dijo que el análisis de las causas de accidentes muestra que un 80 por 100 se producen por fallo humano y un 10 por 100 por culpa de la carretera: mal estado de la misma, puntos peligrosos, etc. El otro 10 por 100 se debe a fallos mecánicos.

Se habló también sobre la limitación de la velocidad en carretera, que es un asunto que hay que estudiar a fondo. Pudimos observar que los que se pronuncian a favor de cualquiera de las dos posibilidades, defienden sus ideas y puntos de vista con mucha pasión. Recogimos dos opiniones, a nuestro juicio extremas: Los «lentos», o sea los que piden la limitación, dicen que son las fábricas de automóviles las que se niegan a aceptar esa limitación. No quieren renunciar a seguir ofreciendo, como argumento de venta, la velocidad desarrollada por sus coches. Por su parte, quienes rechazan la limitación afirman que lo que buscan los partidarios de limitar la velocidad es que aumente el tráfico por las autopistas de peaje, ya que la limitación no valdría para ellas ...

Los lunes, los medios informativos dan a conocer la cuenta trágica que presenta la carretera: el número de muertos, número que, según indican todas las informaciones, va aumentando constantemente. Y esto es lo que, sin duda, hay que evitar.

El lenguaje de la persuasión

El Gobierno recomienda limitar la velocidad en carretera. Esto no puede ser. Llevan largos años diciéndonos que compremos coche, y ahora quieren que no corramos. A ver si me explico bien. Esta limitación de velocidad es voluntaria, no obligatoria. Es una recomendación que se nos hace. En vista de que la multa no da resultado, se han decidido por la persuasión. ¡Ay si fuera así en todo! En lugar de «prohibido esto y prohibido lo otro» – el país está lleno de letreros de este tipo – las autoridades deberían ir aprendiendo a pedirnos las cosas por favor: «Hombre, por favor, oiga, vaya usted a misa más frecuentemente. No hable mal del gobierno, por favor. Ande, hombre, cásese por la Iglesia, qué más le da. Señora, piénselo, no tome la píldora, que saca bigote.» Y así.
Ese debería ser el lenguaje de los políticos, de las autoridades, de la administración, en lugar de las clásicas expresiones secas y tan poco amables que encontramos en todas partes: «Cierre bien, pero despacio.» «Prohibido fumar bajo multa de cinco pesetas.» El político que probara en España el lenguaje de la persuasión, en vez de emplear el lenguaje de la prohibición, que desde hace siglos es el corriente aquí, a lo mejor cambiaría el país. La Tabacalera, en esto, muestra una mentalidad muy avanzada. Nos aconseja sencillamente: «Fume menos, sabe mejor.»

11 B

1. va aprendiendo

va aumentando	El número de muertos **va aumentando**. (No sólo está aumentando de momento, sino que va aumentando poco a poco durante cierto tiempo).

2. diciéndonos

preguntándome diciéndome	Yo estaba en casa **preguntándome** qué hacer cuando llamó mi hermano **diciéndome** que vendría a verme.

3. cualquiera   cualquier posibilidad

cualquier momento cualquier posibilidad	– En nuestra situación, lo mejor es aprovechar **cualquier posibilidad** de ganar dinero. Tenemos que aceptar **cualquier trabajo** que nos ofrezcan.
cualquiera (de ...)	– Claro, es preferible aceptar **cualquiera** de los trabajos que hay a no hacer nada.

11 C

1. Ponga Vd. *cualquier* o *cualquiera*, según convenga.

a. Entre las causas de accidentes de tráfico, el fallo humano es más importante que .... de las demás.
b. Se han discutido varias soluciones del problema: limitación de la velocidad en general, limitación en puntos peligrosos, etc. Desde luego, ... solución ofrece ventajas e inconvenientes.
c. .... de las soluciones que se discuten tiene sus partidarios.
d. Hay personas que rechazan .... limitación de la velocidad.
e. Desde luego, lo mejor sería que cada automovilista condujera de manera que dominara su coche en .... momento.

2. Conteste Vd. según el modelo:

– Pepito ha aprendido inglés, ¿verdad? – Sí, y sigue aprendiendo.

a. Madrid ha cambiado bastante, ¿eh?
b. La población de Madrid ha aumentado, ¿no?
c. Paco ha trabajado bastante, ¿verdad?
d. Ha ahorrado bastante, ¿verdad?
e. Pero el valor del dinero ha bajado, ¿no?
f. La vida ha subido bastante, ¿no?
g. Después de la operación que hicieron a su padre, ¿ha mejorado?

3. Conteste Vd. según el modelo:

– Pepito aprende inglés, ¿verdad? – Sí, va aprendiendo cada vez más.

a. Madrid cambia bastante, ¿eh?
b. La población de Madrid aumenta, ¿no?
c. Paco trabaja bastante, ¿verdad?
d. Paco ahorra bastante, ¿verdad?
e. El valor del dinero baja, ¿no?
f. La vida sube bastante, ¿verdad?
g. Después de la operación, ¿su padre está mejorando?

4. Indique Vd. cuál de las frases 1, 2, 3 explica mejor el sentido de la frase anterior. Discutan Vds. lo que significan las otras frases.

a. ¿Qué se les ocurrió?
1 ¿De qué se acordaron de repente?
2 ¿Qué idea tuvieron?
3 ¿Qué les pasó?
b. Lleva un año aprendiendo inglés.
1 Está estudiando inglés desde hace un año.
2 Hace un año que aprendió inglés.
3 Le lleva un año aprender inglés.

c. Les advierten a los niños que no beban el agua.
1 Les prohiben a los niños beber el agua.
2 Los niños dicen que no beben el agua.
3 Observan que los niños no beben el agua.

d. No es para bromas.
1 A él no le gustan las bromas.
2 Esto debe tomarse en serio.
3 Esto no es nada grave.

5.

Conteste Vd.:

a. Conduciendo un coche, ¿cómo se gana tiempo?
b. ¿Por qué se pierde tiempo cuando uno no respeta la preferencia?
c. Su amigo está bastante cansado y le duelen los pies. ¿Qué le dice Vd.?
d. Su amigo tendría que llamar a su madre para decirle que llegará tarde.

6.

a. ¿Estas obras de construcción se realizan en Granada?
b. ¿Conoce Vd. obras de la misma importancia en nuestro país?
c. ¿Cómo se imagina Vd. esta zona cuando estén terminadas las obras?

7. Temas de conversación

Discutan Vds. las ventajas y desventajas de la limitación de la velocidad en carreteras y autopistas.
¿Cuál sería la solución ideal?

Además de la velocidad, ¿cuáles son los factores más importantes de la seguridad en las carreteras y cuáles son las causas principales de los accidentes?

¿Cómo reacciona Vd. cuando ve un letrero que dice «Prohibido hacer tal cosa» y cómo reacciona cuando ve otro que dice «Por favor, no haga tal cosa»? En la educación de los niños, ¿es para Vd. diferente prohibir una cosa de explicar el por qué no debe hacerse esa cosa?

8. Lea Vd. la solución que propone la RENFE para viajes largos con coche:

No hay nada como el tren

A lo largo del año surgen muchas ocasiones de viajar en las que Vd. necesita el coche. Son esos viajes en los que, tras recorrer cientos de kilómetros de carretera, es preciso efectuar cortos desplazamientos en el interior de una población o entre poblaciones cercanas. O hacer excursiones. O bajar a la playa. Sean cuales sean los motivos del viaje, el coche es ideal. Ideal para disfrutarlo en destino. Pero no para conducirlo durante cientos de kilómetros de pesada carretera. Cientos de kilómetros de tensión y de esfuerzo por probables averías, por los caprichos del tiempo, por las imprudencias de otros conductores ... La solución es viajar en tren y enviar el coche en Auto-Expreso RENFE. Vd. puede elegir entre las cómodas alternativas que le ofrece el ferrocarril. Y su coche viaja seguro en una plataforma especial. Así llega tan descansado como Vd. Listo para servirle allí donde puede servirle mejor.

Vd. sabe que un amigo suyo quiere hacer un viaje de París a Madrid en coche. Escríbale una carta aconsejándole que viaje con el Auto-Expreso. Explíquele las ventajas e indíquele los precios: para coches hasta una longitud de 3,81 m 3.580 ptas, de 3,81 a 4,42 m 4.250 ptas, de 4,42 a 6,50 m 5.708 ptas.

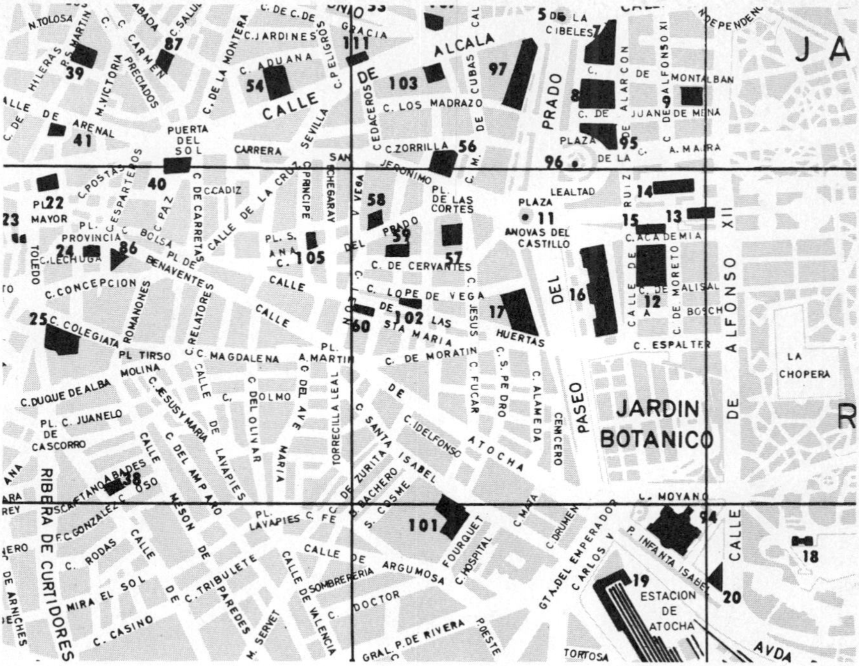

Preguntando por el camino **12 A**

– Diga, por favor, ¿la oficina de turismo?

– ¿La oficina de turismo? Pues, me parece que está en el ayuntamiento, en la Calle Mayor. ¿Ve Vd. esa calle que hace esquina a la derecha donde hay una torre? Esa no es. La otra, donde está la parada del autobús. La sigue Vd. unos 50 metros, luego la atraviesa, y al doblar la esquina a la izquierda ya verá Vd. el ayuntamiento.

– Muchas gracias.

– De nada. ¿Son Vds. extranjeros?

– Sí, alemanes.

– ¡Qué bien habla Vd. el español! ¿Quieren ver la ciudad? La catedral es maravillosa. Y el puente romano. Y no dejen de ver el castillo. El exterior no parece nada extraordinario, pero ya verá Vd. Allí tienen conservada la cárcel del siglo XIII. Es muy antiguo el castillo, ¿sabe?

De prisa

– Faltan quince minutos para la salida del tren.
– Y tenemos que pasar por la consigna a recoger la maleta.
– No hace falta que vayamos todos. La recojo yo, y vosotros pasáis al

Parada de taxis en una estación de ferrocarril

andén. Será la misma vía en que llegamos. Pero preguntad para estar seguros.
– Llama un mozo, la maleta es muy pesada.
– No me importa. Ah, ¡taxi! Por fin ... A la estación, lo más rápidamente posible.

12 B

lo más rápidamente posible

Tenemos que ir a la estación **lo más rápidamente posible** (tan rápidamente como sea posible).
Te lo voy a explicar **lo mejor posible** (tan bien como sea posible).

12 C

1. Conteste según el modelo:

– Hoy he hecho muchas cosas. – Dime lo que has hecho.

a. Hoy he visto algo muy interesante.
b. He comprado varias cosas preciosas.
c. He traído algunas cosas del supermercado.
d. Mi jefe me ha propuesto algo muy interesante.
e. Mi padre me ha ofrecido una cosa estupenda.
f. Por casualidad, he descubierto algo muy importante.

2. Indique Vd. cuál de las tres frases 1, 2, 3 explica mejor el sentido de la frase anterior.
Además, discutan Vds. lo que significan las otras frases.

a. Elena es mayor de edad.
1 Elena es más alta de lo que es normal a su edad.
2 Elena puede tomar decisiones libremente.
3 Elena tiene más años de edad que sus hermanos.
b. En el fondo, Enrique tiene razón.
1 En algunos detalles está equivocado.
2 Es esencial que no se equivoque.
3 Pensándolo bien, hay que reconocer que no está equivocado.
c. No me fijé en ella.
1 La vi, pero no me interesaba mucho.
2 La vi, pero no se interesaba mucho por mí.
3 No la vi.

d. ¡Cuánto tiempo hace!
1 Hace un tiempo extraordinario.
2 Ha pasado mucho tiempo.
3 ¡Mire el tiempo que hace!

e. Cuando vi a los policías me detuve.
1 Paré el coche.
2 Quedé muy descontento.
3 Tuve que ir con los policías.

3.

¿Qué contesta Vd. a su amigo?

a. – Tenemos que recoger las maletas.

b. – Se ha hecho bastante tarde. A ver si llegamos a tiempo al teatro.

4.

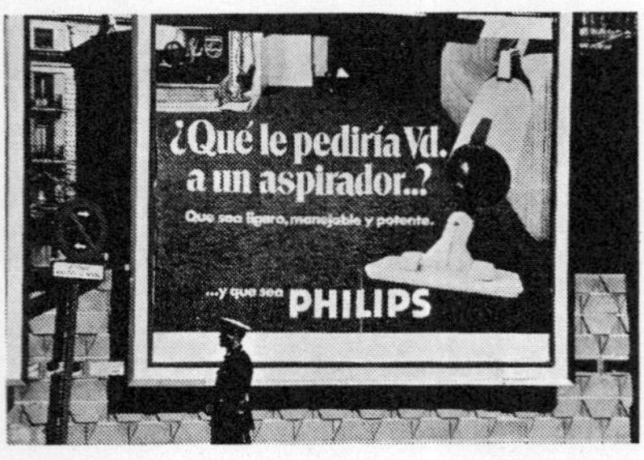

Conteste Vd.:

a. ¿Qué le pedirá Vd. a un coche?
b. ¿Qué le pedirá Vd. a un piso?
c. ¿Qué le pedirá Vd. a un hotel?

5. Temas de conversación

Explique Vd. el camino a la estación del ferrocarril (la oficina de correos, el teatro, el museo, el puente, el ayuntamiento, un restaurante donde se coma bien y barato) desde el punto en que estamos.

Test 3

Marque Vd. la solución correcta. Si hay dos correctas, marque las dos.

a. – La dirección, ¿en qué planta está?
– En la ....
1 tercer
2 veintiuna
3 veintiuno

b. – ¿Pedro volverá pronto?
– Se despidió .... que ya no volveríamos a vernos esto año.
1 al decirnos
2 a nosotros diciendo
3 diciéndonos

c. – Me lo ha prohibido.
– ¿Qué le ha prohibido?
– Que .... tomando esa medicina que me dio el otro médico.
1 seguiría
2 siga
3 siguiera

d. – ¿Cuándo hablaste con él?
– .... ayer.
1 era
2 fue
3 fui

e. – ¿Vamos al cine? Ponen esa nueva película sueca ...
– Creo que .... la pena.
1 valdría
2 vale
3 valga

f. – ¿Dónde estuvisteis anoche?
– .... al cine.
1 éramos
2 estuvimos
3 fuimos

g. – Me han ofrecido dos coches, uno más rápido y otro más barato.
– ¿Te has decidido ya?
– Sí, por ....
1 el más rápido
2 el más rápido posible
3 lo más rápido posible

h. –¿Y cómo vamos desde la estación al consulado?
– Preguntar allí, os lo dirá ....
1 cada
2 cada uno
3 cualquiera

i. – Mañana tengo que ir a Barcelona. ¿Qué trenes hay?
– ¿Cuándo quiere salir?
– ....
1 el más temprano
2 lo más temprano posible
3 los más tempranos

j. – ¿En qué puedo servirle, señor?
– Ropa interior. Abajo me han dicho que suba al cuarto.
– Tiene que subir uno más. Está Vd. en ....
1 el tercer
2 el tercero
3 tercera

k. – ¿Hay por aquí una oficina de correos? Tengo que comprar sellos.
– Puede comprarlos .... estanco. También venden tabaco, cerillas, etc.
1 en cada
2 en cualquier
3 en cualquiera

l. – Te llamé anoche, pero parece que no estabas.
– Ah, fuiste tú. Cuando llamaste, estaba en el cuarto de baño .... la cabeza.
1 lavándome
2 lavarme
3 me lavaba

m. – ¿Qué está buscando Vd.?
– Una calle donde .... aparcar.
1 permita
2 permite
3 pueda

n. – ¿Y por qué haces todo esto?
– Si no .... por mis hijos no lo haría.
1 fuera
2 fuese
3 hiciera

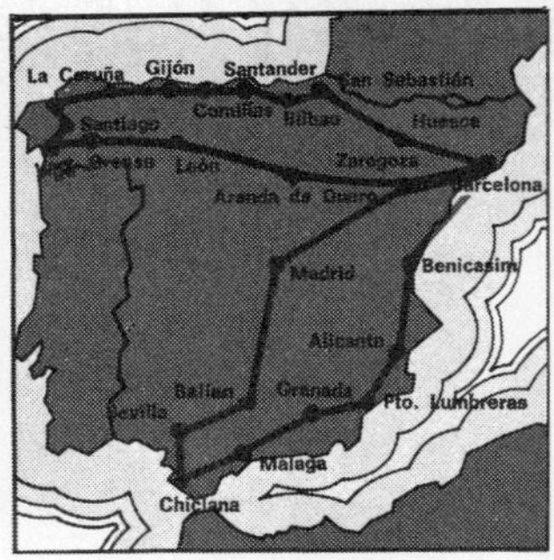

ANDALUCÍA STANDARD (SEMANA SANTA) (BM-19)

Itinerario n.° 2 (Económico)
Fecha de salida: 23 Marzo.
CIRCUITO DE 9 DÍAS Ptas. 11.700

DÍA 1.°
Salida de **BARCELONA** a las 7,30 horas. Desayuno en ruta a cuenta de los señores pasajeros. Paso por Tarragona y Benicarló. Almuerzo en la bella estación veraniega de **BENICASIM.** Cruce de Valencia y recorrido por Benidorm. Cena y alojamiento en **ALICANTE.**

DÍA 2.°
ALICANTE, desayuno y salida. Paso por Elche y Murcia. Almuerzo en **PUERTO LUMBRERAS.** Continuación por la Serranía de Baza, Guadix y llegada a la bella e interesante ciudad de **GRANADA.** Cena y alojamiento.

DÍA 3.°
GRANADA. Día libre. Pensión completa. Visitas facultativas a los interesantes lugares históricos que ofrece la ciudad granadina.

DÍA 4.°
Desayuno en **GRANADA.** Salida hacia Motril y Nerja. Visita a sus famosas Cuevas. Llegada a **MÁLAGA.** Almuerzo, cena y alojamiento. Tarde libre o visita facultativa a la ciudad.

DÍA 5.°
MÁLAGA. Desayuno y salida para recorrer la fabulosa Costa del Sol, Torremolinos, Fuengirola, Marbella. Paso por Algeciras ante el Peñón de Gibraltar. Almuerzo en **CHICLANA.** Recorrido por Cádiz y llegada pasando por Jerez de la Frontera, a **SEVILLA.** Cena y alojamiento.

DÍA 6.°
SEVILLA. Día libre. Pensión completa. Posibilidad facultativa de asistir a los impresionantes actos de la Semana Santa Sevillana, única en el mundo.

DÍA 7.°
SEVILLA. Día libre. Pensión completa. Visita facultativa a la ciudad.

DÍA 8.°
Desayuno y salida de **SEVILLA.** Parada y tiempo libre en Córdoba. Almuerzo en **BAILEN** para continuar hasta **MADRID.** Cena y alojamiento.

DÍA 9.°
MADRID. Desayuno y salida. Almuerzo en **ZARAGOZA.** Visita a la Basílica de Ntra. Sra. del Pilar. Continuación hacia la Ciudad Condal pasando por Fraga y Lérida. Llegada alrededor de las 22,00 horas. Fin del viaje.

SEMANA SANTA EN GALICIA (BM-12)

Recorrido por la Costa Cantábrica.
Fecha de salida: 23 Marzo.
CIRCUITO DE 9 DÍAS Ptas. 12.850

DÍA 1.°
Salida de **BARCELONA** a las 6,30 horas. Desayuno en ruta por cuenta de los señores pasajeros. Paso por Lérida y Barbastro. Almuerzo en **HUESCA.** Continuación hacia Jaca, Pamplona y Tolosa. Cena y alojamiento en **SAN SEBASTIÁN,** Perla del Cantábrico.

DÍA 2.°
Desayuno y tiempo libre en **SAN SEBASTIÁN.** Almuerzo en la industrial **BILBAO.** Recorrido por las bellas localidades de Castrourdiales, Laredo y **SANTANDER.** Cena y alojamiento.

DÍA 3.°
SANTANDER. Desayuno y tiempo libre. Visita de Santillana y almuerzo en **COMILLAS.** Por Llanes llegada a **GIJÓN.** Cena y alojamiento.

DÍA 4.°
GIJÓN. Desayuno y tiempo libre. Recorrido por Castropol y **RIBADEO,** en la espléndida ría del mismo nombre. Almuerzo y continuación hasta la espléndida capital gallega de **LA CORUÑA.** Cena y alojamiento.

DÍA 5.°
LA CORUÑA. Pensión completa. Día libre. Visita facultativa Torre de Hércules, Ría de Betanzos y Ferrol del Caudillo.

DÍA 6.°
Desayuno y salida de **LA CORUÑA.** Llegada a **SANTIAGO DE COMPOSTELA.** Visita facultativa a esta monumental e importante ciudad. Almuerzo. Por la tarde magnífico recorrido por la ría de Arosa, isla de La Toja y Pontevedra. Cena y alojamiento en **VIGO.**

DÍA 7.°
VIGO. Desayuno y almuerzo. Mañana libre o excursión facultativa a las Rías Bajas, Bayona y Monte de Santa Tecla. Por la tarde traslado hasta **ORENSE.** Cena y alojamiento.

DÍA 8.°
Desayuno y salida de **ORENSE,** hacia Ponferrada. **LEÓN:** almuerzo y visita de su impresionante Catedral. Continuación por la tarde hacia **ARANDA DE DUERO.** Cena y alojamiento.

DÍA 9.°
ARANDA. Desayuno. Salida hacia Soria y **ZARAGOZA.** Almuerzo y visita a su Basílica. Finalmente por Lérida e Igualada, llegada a **BARCELONA** sobre las 21,30 horas. Fin del viaje.

Garantía - Baño: Todo el circuito.

El guía

13 A

Es el último día. Cuatro semanas por toda la península, de región en región, de ciudad en ciudad. También hemos pasado dos veces la frontera portuguesa, sin dificultades en la aduana.
Algunos de mis viajeros ya están preparados para salir. Entregan las llaves en la recepción. Es un hotel de confort moderno. Sillones en el vestíbulo

y en varias salas. En las paredes, hay cuadros muy finos, entre ellos uno que representa el Teide. En Canarias no hemos estado, es la única provincia no incluida en este viaje ... En un rincón, algunos paquetes, bien atados con cuerdas: las cosas que compró el viejo argentino, sin valor artístico, pero en fin, un recuerdo.

¡Qué distintos serán los recuerdos de ellos y los míos! Para ellos, ¡Pascuas en España! Para mí, una manera de conocer gratuitamente todo mi país de norte a sur, de este a oeste, y ahorrar encima unas cuantas pesetas. Claro, no ha sido un viaje independiente. En todo momento he sido el guía, el guía responsable. No de la organización, porque en realidad, todo estaba muy bien preparado: hoteles, horarios, el autocar ... Pero he sido responsable de todo lo demás.

La señora mejicana está escribiendo las últimas tarjetas. Cada uno tiene sus amigos, su círculo. Y deben saber que uno ha estado en España, que uno ha visto las procesiones de Semana Santa y una bodega de Jerez. ¿Qué indica el silencio? ¿Están descontentos o simplemente cansados? Lo sabré cuando me den las propinas.

Es el último día. Ya no necesito la lista. Nunca he perdido a ninguno de ellos, ni en el teatro de Madrid ni en la exposición que visitamos en Barcelona. Ah, ahí viene el ex coronel del ejército, que la primera semana me trató como si fuera uno de sus soldados. Después resultó muy simpático, un hombre de mucha cultura. ¡Qué impresión les ha hecho la «Santa María» en Barcelona, que apenas era más grande que los barcos que había para visitar el puerto! ¡Y qué contraste con los buques modernos! Era increíble que en aquella primitiva carabela hubiese pasado la civilización europea a tierras americanas ...

Me he pesado esta mañana. He perdido tres kilos, pero me siento muy bien con un poco menos de peso. He tenido que estar a disposición de todos para todo. Ni un minuto para descansar. Cuando el uruguayo, que decía que tenía un importante cargo en no sé qué ministerio, perdió su pasaporte, le llevé al consulado general. Cuando esa monísima chica chilena quiso comprar una mantilla, me preguntó a mí qué tamaño le iba mejor. Cuando algunos propusieron aprovechar la tarde libre en Mallorca para hacer una excursión a caballo, me hice cargo yo de organizarla, y cuando uno se cayó al atravesar un arroyo, le tuve que llevar al médico. Pero por lo demás, por suerte no pasó nada grave.

– Señores, en cinco minutos vendrá nuestro autocar. Salimos a las nueve.

13 B

1. Soy responsable de que todos se vuelvan contentos.
Tengo que conseguir que todos se vuelvan contentos. → 3.1

2. des-

contento – **des**contento	cargar – **des**cargar
agradable – **des**agradable	conocer – **des**conocer
igual – **des**igual	orden – **des**orden

13 C

1. Ponga Vd. las formas correctas de *ser* o *estar*, según convenga.

a. Es el último día. Los viajeros .... preparados para salir.
b. El hotel no .... nada mal.
c. .... un hotel de confort moderno.
d. Hay que admitir que casi siempre hemos .... en buenos hoteles.
e. Algunos muebles del hotel .... del siglo pasado.
f. Para mí, el viaje ha .... bastante divertido.
g. .... la primera vez que trabajo de guía.
h. Yo no .... guía de profesión.
i. Miro el reloj .... las ocho y media.
j. Hoy .... sábado,
k. mañana ya .... en Madrid.
l. Los viajeros parece que .... contentos. Han hecho un viaje
m. por toda la Península. En el precio .... todo incluido:
n. viaje, hotel, comida, y yo ... Yo, francamente .... un poco
o. cansado. La mayoría de mis viajeros .... gente de cierta edad.
p. Pero hay una chica monísima que se llama Angélica..........chilena.
q. Hoy lleva el traje que más me gusta: .... azul.
r. El coronel, que al principio me trataba como si yo .... uno de
s. sus soldados, viaja con toda la familia. .... cinco: él y su

t. mujer, dos hijos y una señora que parece . . . . hermana de su mujer.

u. . . . . la última vez que tengo que contarlos. No falta nadie.

v. . . . . treinta. En pocos minutos podemos salir.

2. Ponga Vd. en el diálogo que sigue los acentos que hagan falta. Imagínese dónde están en cada caso las personas que hablan.

– ¿Cuanto cuestan esos vasos?
– ¿Cuales? Ah, estos . . .
– No, no son esos . . . Aquellos que estan detras.
– ¿Estos?
– Si, esos. ¿Cuanto valen?

3. Ponga Vd. la forma correcta de los verbos indicados.

	– ¿Qué hará Vd. el fin de semana?
a. venir	– Es posible que . . . . a buscarme unos amigos de Valladolid.
	– ¿Y cuándo sabrá Vd. si vienen efectivamente o no?
b. llamar	– Puede ser que me . . . . antes, pero es poco pro-
c. llamar	bable que . . . . antes del viernes por la noche.
d. venir	– ¿De modo que no es seguro que . . . . ?
	– Seguro no es. Pero si no vienen esta semana, estoy seguro
e. venir	de que . . . . la semana que viene.
	– Entonces no hay nada que hacer. Me hubiera gustado invitarle a venir conmigo.
	– Muchas gracias, pero ¿por qué no vamos todos juntos?
f. conocer	A mí me parecería estupendo que Vd. . . . . a mis
g. conocer	amigos. Es lástima que todavía no los . . . . Vd.
	– De acuerdo, con mucho gusto. ¿Es cierto que uno de sus
h. estar	amigos . . . . casado con una francesa? . . .

4. Indique Vd. cuál de las frases 1, 2, 3 explica mejor el sentido de la frase anterior. Discutan Vds. lo que significan las otras frases.

a. ¿A cuántos estamos?
1 ¿Qué hora es?
2 ¿Qué fecha tenemos?
3 ¿Cuántas personas están en la habitación?

b. El ministro dijo otras cosas por el estilo.
1 Dijo otras cosas porque le gustaba su manera de decirlas.
2 Dijo otras cosas parecidas.
3 Dijo otras cosas divertidas.

c. A Pepe hay que llamarle la atención.
1 Hay que observar lo que hace.
2 Hay que advertirle que no debe hacer lo que hace.
3 Hay que escuchar con atención lo que dice al teléfono.

d. El hermano de Juanita no da golpe.
1 Trabaja con mucho cuidado.
2 No pega nunca a sus hijos.
3 No trabaja nada.

5.

Conteste Vd. a su amigo

a. ¿Sabe Vd. dónde están en Barcelona los locales de Aerolíneas Argentinas?

b. Me parece que he pasado varias veces por la Avenida José Antonio y no he visto nunca Aerolíneas Argentinas.

c. ¿Sabe Vd. el número de teléfono?

d. ¿Cómo es posible que lo sepa Vd. de memoria, sin mirar en su agenda?

6. Temas de conversación

Si Vd. hace un viaje organizado, ¿qué espera del guía?
¿Alguien de Vds. ha trabajado de guía? Cuente sus experiencias y conteste a las preguntas de los demás.
Para hacer un viaje por España, ¿preferiría Vd. ir por su cuenta o en un viaje organizado? ¿Y para un viaje a Grecia o Turquía?

El ayuntamiento de Madrid tiene una preocupación constante: hacer de Madrid, la capital de España, una ciudad limpia. Han puesto papeleras por todas partes. Tienen personal especializado para el cuidado de parques y jardines. Pero algo marcha mal: los madrileños no colaboran, no apoyan estas buenas intenciones. Y cuando se sale fuera de Madrid, los campos ofrecen un aspecto muy triste: latas de conserva, cáscaras de naranjas, botellas vacías o rotas, papeles, plásticos, botas ... Luego, hay chicos que se dedican a tirar piedras destrozando lo que se pone a su alcance.
Un señor que tiene una casita cerca del Valle de los Caídos, lugar que visitan también muchos extranjeros, me dijo hace poco que se pasaba la semana pensando con miedo en los domingueros, pues no solamente le destrozaban todo, sino que incluso le robaban los melones maduros, y eso no sólo de noche ...
¿Por qué no funcionan las cosas aquí como en Inglaterra? También los ingleses van al campo con sus coches, pero llevan bolsas de plástico con el fin de recoger, después de terminar el picnic, todos los desperdicios, llevárselos en el coche y echarlos, por último, a la basura.
De una manera u otra – poniendo multas, si fuera necesario – habría que educar a esas personas cuyo comportamiento vulgar es una vergüenza para todo el país. Yo por lo menos estoy convencido de que los españoles somos tan capaces como cualquier otro pueblo de cambiar de costumbres. No hay motivo para llegar a la conclusión contraria.

En los alrededores de Madrid, los campos ofrecen un aspecto muy triste ...

14 B

1. sino que robaban

no ella, sino él no de día, sino de noche sino que robaron	– Supongo que **no** le robaban las flores de día, **sino** de noche. – No, no venían sólo de noche para robar, **sino que entraban** en el jardín incluso de día.

2. o/u y/e → I.15.5

u otra	– ¿Cuántos seremos para comer?
u ocho	– Siete **u ocho**, además de nosotros. También vendrá Carmen
e Inés	**u otra** amiga de Pili **e Inés.**

3. -izar -ito/-ita

especial – especiali**zar**(se)	casa – cas**ita**
local – locali**zar**	libro – libr**ito**
civil – civili**zar**	papel – papel**ito**
central – centrali**zar**	taza – tac**ita**

14 C

1. Vd. tiene que hacer un viaje. Está interesado en que nadie se entere exactamente de lo que se propone hacer. Conteste según el modelo:

> – ¿Me dice Vd. adónde va?
> – Se lo diría con mucho gusto, pero no puedo.

a. ¿Me dice Vd. cuándo volverá?
b. Supongo que va Vd. a París. ¿Me hace Vd. un favor?
c. ¿Me pone Vd. un telegrama para que sepa dónde está?
d. ¿Sale Vd. con nosotros esta noche?
e. ¿Me da Vd. su número de teléfono, por si acaso?
f. Pero la semana pasada iba Vd. a proponerme que le acompañara ...

2. Ponga Vd. *si no*, *sino* o *sino que*, según convenga.

El Ayuntamiento de Madrid no sólo tiene la preocupación de la lim-
a. pieza de la ciudad, ... otras muchas, como la de los trans-
portes públicos, los hospitales, etc. No todos los madrileños colaboran,
b. .... hay muchos que no se interesan por los problemas de
su ciudad. Una señora que ha estado en Inglaterra afirma que los ingleses
no tiran los desperdicios de un picnic por todas partes,
c. ....los recogen para echarlos a la basura.
d. A mí me parece que no tiene objeto poner multas, ... hay
que educar a la gente y convencer a todos de que vale la pena mantener
limpio el país. Los españoles podemos cambiar de costumbres,
e. .... me equivoco.

3. Ponga Vd. la forma correcta de los verbos indicados.

a. tener
– ¿Cuántos años tiene Pablo?
– Supongo que .... unos 20 años.
– A mí me dijeron que .... 22.

b. llamar
– ¿Te ha llamado Paco?
– Creí que me ...., pero esperé inútilmente.
– Cuando le vea le diré que te ....,
– No, no le digas nada. Le dije que me ...., pero si él no quiere ...

c. ir
– ¿Verdad que le hicieron una operación a García?
– Sí, es verdad. Y me ha asegurado que desde entonces le .... mucho mejor.

d. aceptar
– Pongamos por caso que tu padre le ofrece a tu novio un buen puesto en su comercio ...
– Pues yo supongo que Alfredo no lo .... Quiere ser independiente.

e. aceptar
– ¿Es verdad que te han ofrecido un puesto en Barcelona?
– Sí, y todos me han aconsejado que lo ...., pero ...

f. aceptar
– A Alfredo le han ofrecido un puesto en Barcelona, ¿no?
– Sí, y todos creen que lo .... Pero a mí

g. preferir
me ha dicho que .... quedarse en Gerona.

4. Ponga Vd. la forma correcta de *cuyo*.

Una señora mandó una carta al director de la «Gaceta Ilustrada» hablan-
a. do de «las personas .... comportamiento era una vergüenza para todo el país.» También hablaba del Ayuntamiento de
b. Madrid .... constante preocupación es hacer de Madrid una ciudad limpia. Yo, francamente tengo la impresión de que Madrid,
c. .... parques son preciosos sobre todo en la primavera, no es una de las ciudades más sucias de Europa, ni mucho menos. Pero el aire de Madrid está terriblemente contaminado, por lo menos en el centro.
d. Allí hay hoteles, por ejemplo, ... ventanas no se abren nunca: en las ventanas se ven los aparatos de aire acondicionado. Sin ellos ya no se podría respirar ...

5.

Lea Vd. primero las instrucciones que ve en la cabina telefónica y conteste las preguntas:

a. ¿Se puede llamar automáticamente a cualquier sitio de España?

b. Su amigo ha llamado a su hermano en el Norte de España. Ahora le dice: – Y ahora voy a llamar a Celia para decirle que pasamos en un cuarto de hora por su casa, ¿de acuerdo?

6. Temas de conversación

Respecto a los problemas de que habla la lección ¿ha mejorado la situación en nuestro país o es cada vez peor?

¿Sería Vd. partidario de una campaña de multas o de una campaña de persuasión?

¿Tiene Vd. fiebre?

15 A

– Buenas tardes, doctor.
– Buenas tardes, señora, ¿qué puedo hacer por Vd.?
– Pues mire, las dos noches pasadas he tenido unos dolores de garganta tan fuertes que tuve que tomar un somnífero para dormirme.
– ¿Tuvo fiebre?
– Eso me pareció, pero resultó que tenía la temperatura normal.
– Vamos a ver. Saque la lengua ... un poco más ... ¿Ha tenido hace poco alguna enfermedad? ¿Una gripe?
– Gripe, en fin, no sé. Un resfriado, más bien. Y algo muy raro en la piel. Sobre todo en las piernas, pero también en la cara. Aún se ve un poco.
– Esto no tiene nada que ver con lo otro. Parece que fue una alergia. ¿Tomó Vd. muchas medicinas cuando tuvo la gripe?
– Las que me dio mi médico.
– ¿Aquí está Vd. de vacaciones?
– Bueno, no se trata precisamente de unas vacaciones. Mi hija va pronto a dar a luz y he venido para ayudarla. Es la señora de Serrano.
– Ah, ahora caigo. Su hija se le parece mucho, ¿sabe? ¿Cómo está?
– Pues bastante bien, gracias a Dios.
– Bueno, le voy a dar algo para la garganta. Tome una pastilla cada tres horas, o cada dos horas si tiene dolores agudos. Se curará Vd. en dos días. Adiós, y déle saludos a su hija.
– De su parte.

El fin de semana estuvimos en los Pirineos. Anduvimos a lo largo de un valle que aún no conocíamos

Cuestión de caracteres

– Hombre, ¡qué moreno está Vd.! ¿Estuvo en la montaña el fin de semana?
– Sí, ya ve cómo me ha quemado el sol. Esta vez no subimos a ningún monte, sino que anduvimos a lo largo de un valle que aún no conocía.
– ¡Quién conoce todos los Pirineos!
– Es un valle que está bastante aparte.
– ¿Va Vd. siempre con el mismo grupo?
– Sí, es muy divertido. Somos una docena de amigos y nos citamos una vez al mes para hacer una excursión. Muchas veces salimos sin fijar la ruta. En parte, el grupo se compone de compañeros de trabajo de mi mujer. Algunos también son miembros del mismo club deportivo.
– La vuelta a la ciudad, ¿no es cada vez más catastrófica?
– No es para tanto. Desde hace algún tiempo regulan bastante bien el tráfico. Pero claro, a veces es para desesperarse.
– Está sonando mi teléfono. Me parece que es hora de ponerse a trabajar.
– Sí, ¡a trabajar! A propósito, ¿me permite que le haga una pregunta? ¿Cómo se las arregla Vd. para tener su despacho siempre en un orden tan perfecto? El mío siempre está desordenado, ya sabe Vd. Será mi carácter . . .
– No creo que eso sea cuestión de caracteres. Cada uno tiene su sistema de trabajar, yo el mío, y Vd. el suyo.

15 B

1. anduve

anduve anduviste anduvo	– ¿Cómo llegaron Vds. a la estación? ¿Tomaron un taxi? Para ir andando es bastante lejos ... – Los otros tomaron un taxi, pero nosotros nos **anduvimos** todo el camino.

2. caracteres

carácter – caracteres régimen – regímenes	Juan y Pablo tienen **caracteres** muy distintos. Hay unos **regímenes** italianos que son estupendos para guardar la línea.

15 C

1. Ponga la forma correcta de los verbos indicados.

a. sonar	Está .... el teléfono.
b. despertarse	.............., pero tengo la cabeza muy pesada.
c. decirme	– ....
d. acordarse	– Hola, Miguel, ¿cómo estás? Soy Joaquín, ¿............ de mí?
e. entender	– ¿Cómo? ¿Qué Joaquín? No le .... a Vd. ¿Dice Vd. Joaquín?
f. conocer	Yo no .... a ningún Joaquín.
g. decirme	– Hombre, no .... que no te acuerdas. Soy Joaquín Costa. Nos conocimos hace tres años en Granada,
h. recordar	¿no lo .... ?
i. caer	– Ah, ahora .... Claro, hombre, Joaquín,
j. contar	¿qué me .... ? ¿Dónde estás? Vente a comer a casa. – No, desgraciadamente no puedo.
k. perderse	– Hombre, ... la ocasión de conocer a mi mujer.

l. decir – ¿Te has casado? No me ....
m. sentir ¡Cuánto lo .... Pero es que estoy de paso nada más. Mi tren sale en media hora.
– ¿Adónde vas?
n. morirse – A Barcelona. Se ha .... mi padre de repente.
– Te acompaño en el sentimiento. Era aún muy joven, ¿verdad?
– Sesenta y tres años, fíjate.
o. volver – ¿Tendrás más tiempo cuando ....? Oye, en
p. rogar serio, te .... que no pases por Madrid sin
q. jugar pasar por casa ... ¿.............. al fútbol todavía?
r. doler – Muy poco. Me estoy poniendo viejo. Me ....
s. costar la espalda, y a veces me .... trabajo correr ...
t. exagerar – No .... Bueno, ¿cuándo te vemos?
u. volver ¿Cúando .... ?
– El viernes, y podría quedarme el sábado.
– Estupendo, me alegro mucho. Y gracias por haberme llamado. Entonces hasta el viernes.

2. Ponga Vd. la forma correcta de los verbos indicados.

– ¿No has comprado el armario?
a. enviar – Sí, pero todavía no lo han traído. Me lo ....
b. enviar mañana. Les he dicho que no me lo .... hoy, porque no sabía si estaría en casa.
c. limpiar – ¿Quién te .... a ti la casa? Un soltero como
d. limpiar tú necesita a alguien que le .... no sólo los zapatos, sino de vez en cuando también el suelo. Me parece que ni siquiera tienes aspirador ...
e. renunciar – Por mí no te preocupes. Yo .... con mucho gusto a tener una serie de comodidades si con ello conservo mi libertad.
f. cambiar – Espero que algún día .... de opinión.
g. continuar – Es posible. Pero de momento .... siendo soltero. Y caso que algún día me casara, no será porque me haya cansado de limpiar el suelo ...

3. Complete Vd. las frases con las palabras convenientes. Si no falta nada, ponga una cruz (x).

a. Los trabajadores norteafricanos vienen, ... su mayoría, ... Marruecos, Argelia y Túnez.

b. .... 1970 pasaron, sólo .... el puerto de Algeciras, 56.000 inmigrantes norteafricanos.

c. No se sabe cuántos pasaron .... Alicante y Málaga, las otras dos puertas clásicas .... entrada .... los norteafricanos.

d. Después de Barcelona, números considerables .... norteafricanos se dirigen .... Madrid y Bilbao, y .... cantidades menos importantes .... las grandes ciudades catalanas.

e. .... 1971 sólo se concedieron .... la provincia .... Barcelona 507 permisos oficiales de trabajo .... los inmigrantes africanos.

4. Temas de conversación

Imagínese que va Vd. al médico con un obrero español recién llegado de España y que habla muy poco nuestro idioma. Pregúntele todo lo que deberá decir al médico (apellidos, nombre, fecha de nacimiento etc., lo que le duele, cuánto tiempo hace que le duele, si ya le han tratado la misma enfermedad en España, etc.). Luego, dígale lo que tiene que hacer y lo que tiene que tomar, según indicación del médico.

– ¿Vd. es la señorita ...?
– Amador. Celia Amador. Vengo a presentarme porque me interesa ...
– Sí, el puesto de secretaria. Le agradezco que haya venido. ¿Nos envió Vd. sus certificados?
– Sí, se los mandé por correo certificado.
– Ah, sí, claro, aquí los tengo. Vd. sabe que buscamos una secretaria que lleve la correspondencia en francés y traduzca del francés al español. ¿Tendría inconveniente en traducirme una carta al francés?
– De ninguna manera. Aunque de momento no tengo la práctica que tenía.
– Vd. dejó de trabajar hace dos meses, ¿verdad?
– En la casa donde trabajaba redujeron el personal. Entretanto he trabajado en un comercio que tiene una tía mía, y he empezado a estudiar inglés por mi cuenta.
– Muy bien. ¿Sabe Vd. conducir? Se lo pregunto por si acaso ...
– ¿Conducir? Pues, francamente, no.
– No importa. Bueno, las condiciones las conoce Vd. ¿Tiene que hacer alguna pregunta? ...
– ...

– Hola, Celia, ¿te presentaste ya?
– Sí, y me han dado el puesto. Tuve que traducir una carta, y la traduje en cinco minutos, sin diccionario. Tendré que telefonear mucho, también en francés, me dan un despacho para mí sola, no muy amplio, pero bien amueblado, una máquina de escribir eléctrica, en fin ...
– ¿Y el sueldo?
– Al comienzo quieren pagarme lo mismo que a la otra secretaria que tienen, más un suplemento por la cosa del francés. En total, dos mil pesetas más de lo que he tenido hasta ahora.
– Te sobrará dinero ...
– No es para tanto, pero parece una cosa sólida. ¿Vamos a tomarnos un chocolate con churros?
– A mí no me convence el chocolate. Prefiero una cerveza con un par de buenas tapas ...
– Pero mujer, ¿desde cuándo meriendas cerveza con tapas?

MARTES, 25 MARZO DE 1975 — LA VANGUARDIA ESPAÑOLA — Página 75

DEMANDAS

IMPORTANTE EMPRESA SITA EN BARCELONA CIUDAD
precisa:
SECRETARIA DE GERENCIA
se requiere:
Gran dominio de taquigrafía y mecanografía
No importa edad ni estado civil
Se valorará perfecto dominio del idioma alemán
Interesadas, remitir carta manuscrita con curriculum vitae y acompañar fotografía al n.° 63588 de «La Vanguardia» (O.C. B-53310)

FALTA CAJERA
de 18 a 25 años en SELLO
Avda. José Antonio, 609
Presentarse a Sr. Gaya

FURGONETA CUBIERTA CON CHOFER Y AYUDANTE
Para reparto, fijo tres días a la semana se precisa. Dirigir ofertas por escrito, indicando características y condiciones a CAMTESA. Balmes, 301. BARCELONA-6

SEÑORITA CONTABLE
EMPRESA INTERNACIONAL
solicita
- Señorita con formación y experiencia en contable - administrativa
- Dominio de la mecanografía
- Ambiente agradable oficina moderna y céntrica
- Sueldo según capacidad

Las interesadas deberán enviar carta manuscrita los curriculum vitae y fotografía a CEDEC, S.A. c. Córcega, 301 - 303, 3.° Barcelona-8. De preferir contacto telefónico llamar a los n.° 218-59-44 o 218-59-45. Sr. Denys

Administrativa
aspirante, práctica en cálculo y mecanografía. Presentarse ATESA. Balmes, 141, de 11 a 1 y 4 a 6

TORNEROS 2.ª
Trabajo serie jornal, horas y primas, precisa buen historial y experiencia. Telefonear al 223-23-88 para concertar entrevista o escribir a AgA. Balmes, 357 a la Ref. 177

HOECHST IBERICA, S.A.
precisa
JEFE ADM.° 2.ª

SE SOLICITA:
- Profesor Mercantil o Economista de Esade, con experiencia en Contabilidad de Activos Fijos, familiarizado con el Proceso Electrónico de Datos, mando y capacidad para seguir con autonomía directrices generales llegando a los objetivos propuestos.

SE OFRECE:
- Semana laboral de cinco días, Seguro de Vida complementario. Mejoras complementarias a la Seguridad Social. Comedor Empresa. Jornada intensiva en verano. Horario flexible continuado

Dirigir ofertas manuscritas con curriculum vitae y fotografía, indicando pretensiones económicas anuales al Departamento de Personal, referencia n.° 10.092, Apartado 490 de Barcelona. (Garantizamos absoluta reserva a colocados)

ADMINISTRATIVO SECCION COMPRAS
Para importante Empresa de Electrodomésticos muy bien organizada y con un ritmo fuerte de trabajo. Se precisa persona joven con una gran capacidad de trabajo y adaptación. Aunque no es necesaria una experiencia específica en compras, es necesario que haya ocupado cargos de responsabilidad en puestos de administración que exijan muy buena formación, orden y precisión en el trabajo. El nivel salarial de acuerdo con las aptitudes del candidato. Edad mínima 25 años.
Escribir al número 499. Agencia FABRA de Publicidad. Avenida José Antonio, 628, 5.° Barcelona-7

Empresa de prefabricados de hormigón armado y pretensado,
precisa
AGENTES DE VENTA
en toda la región catalana
Dirijan solicitudes con historial profesional al Apartado n.° 63730 de «La Vanguardia»

SECRETARIA DE DIRECCION GENERAL
PARA EMPRESA INMOBILIARIA

FINCA ARROCERA
IMPORTANTE, SITUADA EN LA MARGEN DERECHA DEL DELTA DEL EBRO
PRECISA TECNICO DIPLOMADO
para explotación y administración. Remuneración fija y participación en beneficios. Mandar historial y referencias al n.° 2062 de PUBLICIDAD VERGARA. Avda. José Antonio, 600, 2.°, 1.° Barcelona-7. Absoluta reserva

EMPRESA AMBITO NACIONAL
precisa
PROMOTOR DE VENTAS
Para trabajo en nueva Delegación Tarragona.
DESEAMOS:
- Persona en posesión del título de Ingeniero Técnico (cualquier especialidad).
- Servicio militar cumplido.
- Coche propio.
- Imprescindible hable catalán.

OFRECEMOS:
- Sueldo fijo e incentivos sobre ventas.
- Dietas viaje y kilometraje.
- Alta en Seguridad Social.

Interesados escribir enviando curriculum vitae, a la Referencia 2.820. Apartado Correos 128. VALENCIA

SECRETARIA POLIGLOTA
para puesto de mucho porvenir
SE DESEA:
Conocimientos de oficina. Inglés y francés hablados y escritos. Buena mecanógrafa y mejor si sabe taquigrafía
SE OFRECE:
Puesto estable. Buena retribución inicial. Empresa muy importante y solvente. Facilidades para combinar jornada.
Escribir detallando historial, adjuntando foto que se devolverá a PUBLICIDAD PIJOAN, núm. 3298, Ramblas, 109. BARCELONA-2

CONTROL PRESUPUESTARIO
Se precisa persona experta en contabilidad analítica y control presupuestario. No importa que haya tenido anteriormente la responsabilidad directa en estos trabajos si ha colaborado con su participación en el desarrollo de dicho tipo de funciones y posee aspiraciones, cualidades e iniciativa necesaria para hacerse cargo en un plazo razonable en la ejecución y puesta en marcha de sección de nueva creación en Empresa dinámica y en pleno desarrollo. Semana laboral de 5 días con sábados festivos. Se ha pensado en una remuneración del orden de las 350.000 ptas. pudiéndose reconsiderar esta cifra si la personalidad del candidato así lo aconsejase.
El interesado dirigirse por carta manuscrita al n.° 12.691. Balmes, 10

Empresa Montaje Necesita
TUBEROS
para Tarragona y León
Llamar: Tel. 309-22-37 o Present. en c. Perelló, 57 «PUEBLO NUEVO»

Electricista con experiencia
Para hacerse cargo del mando y mantenimiento de una instalación de baja tensión, que comprende alimentación y control de instrumental de alta potencia para el desarrollo de una nueva tecnología, con amplias posibilidades de futuro.
Escribir a mano con historial y pretensiones a Synthesia Española, S.A. C. Conde Borrell, 62, Barcelona-15

VENDEDORES PROFESIONALES
600 - 700.000 PTAS. AÑO (50 % sueldo fijo)
Para la venta y comercialización de productos de reprografía deseamos contactar con vendedores que tengan:
- Experiencia mínima de dos años en máquinas fotocopiadoras
- Auténtica profesionalidad para integrarse en un equipo de alto nivel
- Gran capacidad de trabajo
- Residencia en Barcelona

A cambio podemos ofrecer:
- Formación continuada
- Gastos pagados y fuerte kilometraje
- Amplia cobertura y protección social
- Integración en una Compañía que colmará sus aspiraciones profesionales

Si está interesado en tener una entrevista con nosotros, debe dirigirse por escrito al Apartado de CORREOS n.° 50.229 de MADRID, haciendo énfasis en su experiencia y en sus aspiraciones futuras
TODAS las cartas serán tratadas confidencialmente y atendidas con carácter de urgencia. (O. C. 52478)

¿ES UD. UN BUEN VENDEDOR DE COCHES?
Si está seguro de ello, tenemos un puesto para Ud. con un brillante futuro muy próximo
500.000 pesetas
de ingresos anuales con una retribución fija de 250.000 ptas. más importantes comisiones serán sus ingresos en el primer año.
EXIGIMOS:

FINANCIERA
DE AMBITO NACIONAL
PARA SU DELEGACION EN BARCELONA
NECESITA
Especialista en Informes Comerciales y cobro amistoso de morosos.
Imprescindible experiencia en Agencia de Informes. Entidad Bancaria, Financiera o similar.
Los interesados deberán enviar su curriculum vitae, indicando pretensiones económicas al Servicio de Colocación de Madrid, c. General Pardiñas, 5. Referencia: FINANCIERA

EMPRESA INTERNACIONAL
INTERESA
para sus oficinas en Barcelona
AUXILIAR ADMINISTRATIVA
para trabajos generales de oficina. Mecanografía, correspondencia, archivo
BOTONES
de 15 a 17 años
preferible estudiante, posibilidades de promoción.
Zona de trabajo: CALVO SOTELO.
Semana laboral de 5 días.
Sueldo a convenir.
Escribir adjuntando curriculum vitae a la Ref. 422 de Publicidad SELMAR c. Balmes, 191, Ciudad-6

EMPRESA INTERNACIONAL
interesa
para su centro de trabajo de VILADECANS
PERFORISTAS
12.000 pulsaciones / hora máquina IBM 5496.
2 años de experiencia, buena retribución.
Escribir adjuntando curriculum vitae a la Ref. 575 de Publicidad SELMAR, Balmes, 191, 6.°, 3.ª Ciudad-6

TRACTORFIAT, S.A.
Concesionario para España de
FIAT-ALLIS
Para Gerona
Precisa:
VENDEDOR
de Máquinas para Movimiento de Tierras
- Con experiencia
- Carnet de conducir

Escribir con historial y pretensiones a Ctra. de Barcelona - Puigcerdá Km. 20'500 PARETS DEL VALLES (Barcelona)

IMPORTANTE EMPRESA
Dedicada a la fabricación de embalajes de cartón, necesita:
JEFES COMERCIALES
Dependerán directamente del Jefe de Ventas.
FUNCIONES:
- Coordinación general entre vendedores y fábrica.
- Supervisión e impulso de la actividad de vendedores.
- Atención de clientes.
- Conocimiento e informes de mercado.

REQUISITOS:
- Hablar catalán.
- Formación mínima de Bachiller Superior, preferible estudios universitarios (no es necesario título).
- Se valorará especialmente la experiencia en el campo comercial.
- Preferible residir (o estar dispuesto a hacerlo) en Montblanch (Tarragona) o pueblos vecinos.
- Preferible carnet de conducir.
- Dispuesto a viajar.

CONDICIONES:
- Fijo de plantilla.
- Remuneración acorde con la valía y experiencia.
- Grandes posibilidades de superación.

Los interesados deben escribir, detallando curriculum vitae, a Oficinas de CADEM, S.A. Chalet del Sr. Plana c. Ntra. Sra. de Montserrat MONTBLANCH (Tarragona), poniendo en el sobre: A la atención del Sr. Mina

DELEGADO DE VENTAS
Si está Ud. convencido de que trabajar en Ventas es una auténtica profesión.
Si cree que ofertar productos y servicios que cubren necesidades reales es una tarea atractiva y honra su profesionalidad.
Si ya está de acuerdo en que su capacidad de trabajo se satisface en el campo comercial.
Si reside en Barcelona.
Nuestra Compañía puede ofrecerle la oportunidad de autorrealizarse promocionando y vendiendo productos altamente especializados, en gestiones de alto nivel, continuamente apoyado por nuestros departamentos de marketing y la tecnología internacional de 3M.
Solamente deseamos que tenga Ud. una sólida formación cul-

Oficial administrativo-a
Importante empresa de venta a plazos necesita para el despacho de correspondencia con clientes, un administrativo o administrativa que se ocupe del dictado a taquígrafas o a dictáfono.
Es imprescindible estar habituado a este trabajo y preferentemente en empresa similar.
Se ofrece una retribución inicial neta anual de 300.000 ptas. revisables cada año.
Jornada continuada todo el año. Buen ambiente de trabajo.
Interesados escribir con historial detallado al n.° 7502, Roldós Anuncios, Vergara, 10

Empresa de transportes
de mercancías, ámbito nacional, con flota propia de camiones, precisa
PROMOTOR DE SERVICIOS
Sus funciones consistirán en promocionar los servicios de la Empresa a partir de clientes potenciales en Barcelona y Area Metropolitana. Seguimiento de la acción comercial, creatividad de servicios y supervisión del desarrollo de los mismos.
El candidato dependerá directamente de la Gerencia de la Empresa, debiendo aportar una formación mínima a nivel de Titulado de Grado Medio, edad mínima 25 años, con preferencia si posee conocimientos de marketing y práctica como vendedor de servicios.
Condiciones económicas a concertar según valía y experiencia. Interesado escribir a mano, facilitando amplio y detallado curriculum vitae y teléfono de contacto para concertar entrevista al n.° 10459. Pellicer & Pena, S.A. Balmes, 193, Barna.-6

INDUSTRIA DE PLASTICOS
Agente de ventas o vendedor introducido con experiencia en el ramo, precisa importante distribuidor de productos químicos. Interesados llamar al 230-13-21 para concertar entrevista

TECNICO CONFECCION
para Jefe de Producción en importante sociedad de confección exterior femenina.
SE REQUIERE:
- Buenos conocimientos de confección en serie (Faldas, blusas, pantalones, etc.).
- Capacidad para dirigir sección producción, aplicando cronometrajes y mejoras de métodos.
- Edad entre 26 y 35 años.
- Preferible con vehículo.

SE OFRECE:
- Ingresos iniciales entre 450.000 y 500.000 ptas. año, mejorables según valía y resultados.
- Buen ambiente de trabajo en moderna factoría.

Escribir con historial y amplios detalles al n.° 881 de Publicidad DURTHI, Bailén, 11, BARCELONA-10

CUATRO DEPENDIENTAS
Para dos temporadas al año (Abril - Agosto y Octubre - Febrero)
Atenderá venta artículos de vestir en economato de empresa. Comedor en la empresa. Sábados tarde festivo. Posibilidad promocionar una de ellas a Encargada si reúne las condiciones necesarias.
Escribir máximos detalles al Apartado de Correos n.° 24031

STOP
Se Precisan 6 Hombres de acción
Que sean capaces de contestar afirmativamente a las 4 siguientes preguntas.
- ¿Quiere obtener (trabajando) altísima rentabilidad?
- ¿Es Ud. una persona decidida?
- ¿Se considera capaz de dirigir un grupo?
- ¿Dispone de 18.000 para invertir?

Si todas las respuestas son, sí, contacte hoy mismo a los Tels. 226-64-33 y 226-67-45, para una entrevista personal previa. Pregunte por SRTA. VAZQUEZ

PRECISAMOS JOVENES DINAMICOS
para gestión comercial con visitas dirigidas
Preparación a cargo de la Empresa
Trabajo en equipo
Jornada completa o sólo tardes
Posibilidad de rápida promoción
Ingresos según aptitudes y dedicación del orden de las 10 a 30.000 ptas. mensuales
Interesados, presentarse en Travesera de Gracia, n.° 30, entlo., letra A, de 10 a 13 y de 17 a 20

ADMINISTRADOR
de
ESTABLECIMIENTO DISCOGRAFICO
Imprescindible provenga del sector venta o ediciones de discos.
Actuará como director y organizador del establecimiento bajo las directrices y asesoramiento de los consejeros - propietarios. Se encargará de la administración contable, gestión de compras y responsabilidad sobre personal. Se ofrece un fijo de 300.000 ptas. anuales, más participación en beneficios mensuales que le permitirán una retribución mínima inicial de 600.000 ptas. año.
Interesados dirigir curriculum vitae al Apartado de Correos 975 de Barcelona, citando la referencia n.° 1586

IVANOW, S.A.
Fábrica de Pinturas radicada en Barcelona, precisa
DIRECTOR COMERCIAL
Indispensable experiencia comercial, preferible en pintura o similares.
La remuneración será función de la experiencia y méritos del candidato.

De la prensa

Noticias deportivas

El francés Jean Villar ganó la carrera de turismos organizada el pasado domingo en el Jarama. El español Juanjo García condujo el mismo coche con el cual venció en varias carreras de esta temporada, ocupando el segundo lugar.

Capítulo de sucesos

Juan G., de 19 años de edad, se hirió limpiando una pistola que había encontrado cerca del lago de Sanabria. La pistola estaba cargada.

MUEBLES

GRAN LIQUIDACION de muebles de todas clases, precios fábrica, por cesar en el negocio. Avda. Puerta del Angel, 6, pral.

PIANOS nuevos de importación, japoneses, alemanes, etc. de toda garantía y pago a su comodidad. También admitimos su piano de modelo antiguo en cambio. Iber Musical S.A. Avda. José Antonio, 496.

BOLSA DEL TRABAJO DEMANDAS

MATRIMONIO sin hijos se necesita para casa particular, sueldo 18 a 20 mil ptas.
T. 2215473

HOTEL de Palma, faltan camareras de comedor y piso. Enr. Granados, 65, pral. 2°.

BOTONES para agencia de publicidad, de 14 a 16 años. Presentarse en Urgel, 253.

OPORTUNIDAD para Sra. o Srta. de 25–45 años, se precisa para llevar casa, no importa no haya servido. Sueldo muy interesante, grato ambiente familiar, incorporación inmediata, interesadas llamar en horas de oficina al tel. 2042900 y atenderá Srta. María Antonia.

OFERTAS

SE OFRECE señorita para boutique, recepcionista hotel, consulta médico. Hablo inglés. No importa viajar. Llamar 2187039.

ALEMANA español inglés busca trabajo. 2113855.

TRABAJOS de oficina le llevo en mi propio domicilio. Contabilidades, facturas, cartas, etc.
T. 3599354.

CUIDO niño o recién nacido en mi casa.
Tel. 239-77-48.

CHALET precioso a 18 km de Barcelona con 6 habitaciones, gran comedor-living, cuarto de baño y aseo, garaje, 2 cuartos trasteros, techo de pizarra, gran jardín todo vallado, a punto para estrenar, por 2 millones y medio, Tf. 254-21-70.

PERDIDAS

CARTERA negra documentación interior taxi Pza. Cerdá. Gratificaré dev. T. 217-58-75.

BOLSA DEL AUTOMOVIL

FORD CAPRI, rojo, pocos kms. Carret Bordeta, 78, T. 232-32-15.

¡¡MARAVILLOSO!! Simca 1000, 31.000 kms. Mejor que nuevo, radio, 245-81-56.

SEAT 850 Coupé en perfecto estado, radio, etc. Vendo en 80.000 ptas. Teléfono 340-60-04.

16 B

1. Me alegro que haya venido. → II.16.4. →3.2
Le agradezco mucho que haya venido.

2. -ducir (conducir, reducir, traducir)

conduzco →	conduzca	conduje	– ¿Está cansado? ¿Quiere que conduzca yo?
conduces		condujiste	
conduce		condujo	– Buena idea. Ayer **conduje** doce horas.
conducimos		condujimos	
conducís		condujisteis	– Si yo **condujera** durante tantas horas me dormiría al volante.
conducen		condujeron	

3. lo mismo que igual que → II.9.6

igual que	Me pagan **igual que** a la otra secretaria.
lo mismo que	Gano **lo mismo que** en el trabajo que tenía antes.
el mismo que	El trabajo será **el mismo que** en la otra casa.

4. buscamos una secretaria

Vamos a **saludar a la señora** García.
(La conocemos, es una persona determinada.)
Llamaré (a) un mozo porque tengo mucho equipaje.
(El mozo al que llamaré no es para mí una persona determinada. Pero en el momento en que le llame será uno determinado de los que hay.)
Busco una secretaria que sepa francés.
(No sé quién será la señorita. Todavía no es una persona determinada.)
Llevé en mi coche **a una de nuestras secretarias.**
(Se trata de una persona determinada aunque no le digo cuál es.)

16 C

1. Vd. está muy contento con la secretaria que tiene.

– ¿Su secretaria sabe francés?
– No, yo no necesito una secretaria que lo sepa.

a. ¿Su secretaria lleva la correspondencia en alemán?
b. ¿Su secretaria traduce del inglés?
c. ¿Su secretaria tiene carnet de conducir?
d. ¿Su secretaria es guapa?
e. ¿Su secretaria hace horas extra?
f. ¿Su secretaria le prepara café?
g. ¿Su secretaria le admira?

2. Vd. tiene un jefe que le exige mucho. En realidad, esto no le importaría a Vd. Pero además, es un tipo poco simpático. Vd. se imagina un jefe que es todo lo contrario del que tiene.

– Parece que tu jefe te exige mucho. – Voy a buscarme otro que no me exija tanto/que me exija menos.

a. Me parece que tu jefe te paga poco.
b. Me parece que tu jefe no sabe organizar el trabajo.
c. Me parece que tu jefe no está casado, ¿verdad?
d. Me parece que tu jefe viaja mucho.
e. Me parece que tu jefe te critica mucho.
f. Me parece que tu jefe no te cae simpático, ¿verdad?

3. Vd. está enfermo en el hospital y hay muchas cosas que no puede hacer Vd. mismo. Vd. ruega a sus amigos que le hagan algunos favores, según el modelo.

Vd. quiere que un amigo le traiga un periódico. ¿Qué le dice? – Te agradecería mucho que me trajeras un periódico.

a. Vd. quiere que uno llame a su novia. ¿Qué le dice?
b. Vd. quiere que uno vaya a su casa a recoger el correo. ¿Qué le dice?
c. Vd. quiere que uno lleve a casa a su madre. ¿Qué le dice?
d. Vd. quiere que uno ponga un telegrama. ¿Qué le dice?
e. Vd. quiere que uno vuelva mañana. ¿Qué le dice?
f. Vd. quiere que uno le traiga naranjas. ¿Qué le dice?
g. Vd. quiere que uno le traduzca la carta. ¿Qué le dice?

4. Ponga Vd. las palabras que faltan. Si no falta nada, ponga una cruz.

a. Ayer fui a ver .... un amigo que está en el hospital. Yo no
b. sabía en qué habitación estaba. En uno de los pasillos vi .... una enfermera muy simpática. Antes que pudiera preguntarle me preguntó ella a mí:
c. – ¿ .... quién está buscando Vd.?
d. – .... un amigo mío, Santiago Ibáñez.
La enfermera me indicó su habitación. Allí estaban ya una hermana suya y
e. su madre. .... su madre la conocía desde hacía algún tiempo,
f. pero .... su hermana, no. Santiago estaba muy contento. Dijo que le trataban muy bien.
g. – ¿Has visto .... un médico alto, moreno, bastante joven? Es un tipo estupendo. Me está dejando como nuevo. La semana que
h. viene saldré de aquí. Entonces os invitaré .... todos a tomar una copa.

5. Ponga la forma correcta de las palabras indicadas.

a. conducir	– Está Vd. muy cansado. Si le parece, ... yo.
b. agradecer	– Buena idea. De verdad, se lo .... mucho.
c. conocer	– Lo que siento es que no .... el camino. La
d. conducir	última vez que .... un automóvil por esta región fue hace quince años.
	– ¡Hace quince años! Entonces no había tanto tráfico.
e. construirse	Y luego ... Ya sabe Vd. que cuando ....
f. reducirse	la autopista esperábamos que .... el tráfico por la carretera, pero ya ve ...
g. ser	– Claro, si la autopista no .... de pago sería distinto.

6. Temas de conversación

Continúe Vd. la conversación entre Celia Amador y su nuevo jefe.
Piense bien cuáles son los puntos que conviene saber antes de firmar el contrato.

7. Ejercicios de expresión escrita

a. Vd. tiene niños pequeños y busca para un año una chica que le ayude por las mañanas. Escriba a unos amigos españoles que conocen a mucha gente, explicándoles las condiciones.

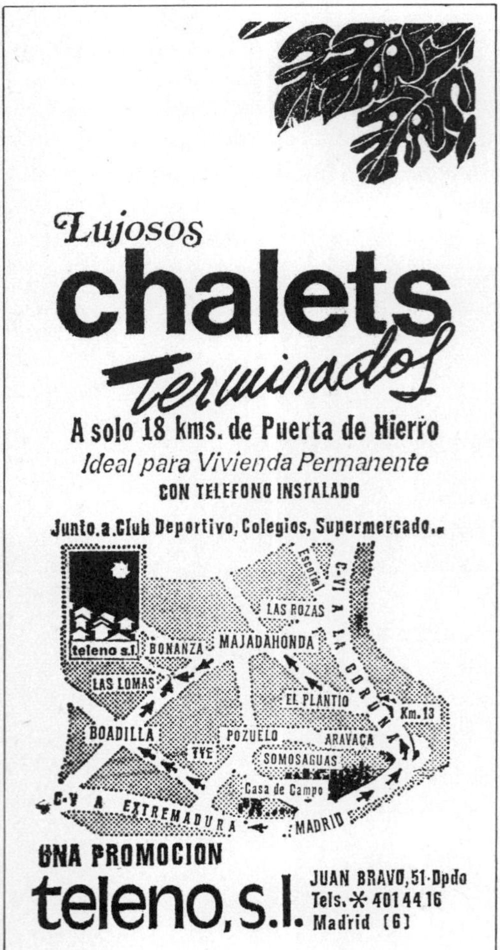

b. Vd. se interesa por uno de los chalets ofrecidos en el anuncio. Escriba Vd. a Teleno S.L. pidiendo informaciones sobre el número de habitaciones, equipos e instalaciones, el precio y las condiciones de pago, entrega de la llave etc. Pregunte Vd. además por aparcamientos, zonas verdes, parque infantil, piscina etc.

c. Escoja Vd. dos o tres anuncios de la pág. 98 y escriba Vd. las contestaciones correspondientes.

Test 4

Lea Vd. el texto y marque la solución correcta.

– Hombre, ¡qué alegría volver **a.** .... verte! ¿Qué estás haciendo en Madrid? ¿Cuánto tiempo hace que **b.** .... ?
– **c.** .... diez años. Pero oye, es que ahora tengo muy poco tiempo. ¿**d.** .... tu número de teléfono? Te llamo esta tarde.
– ¿Nos citamos en un bar? Es que no tengo teléfono ...
– ¿Cómo? ¿No tienes teléfono? ¿Acabas **e.** .... cambiar de piso?
– ¡Qué va! Estoy en el mismo **f.** .... siempre. Hace diez años que pedí **g.** .... el teléfono, y nada ... Por fin, hace quince días han venido unos empleados de la Telefónica **h.** .... instalármelo. Pero sigo aún sin teléfono, porque ahora no tienen línea, y no saben cuándo me la podrán dar. A lo mejor, **i.** .... otros diez años. ¿Quién sabe? Sí, sí, vamos a la luna, pero poner un teléfono en Madrid, **j.** .... quince minutos de la Puerta del Sol, sigue siendo un problema muy serio.

a. 1 a
2 de
3 por
4 x (no falta nada)

b. 1 has estado por allí
2 salías
3 te marchaste
4 te quedarás

c. 1 antes de
2 desde hace
3 hace
4 hacía

d. 1 dame
2 déme
3 me das
4 me des

e. 1 a
2 de
3 por
4 x (no falta nada)

f. 1 como
2 de
3 por
4 que de

g. 1 a causa del
2 para
3 por
4 x (no falta nada)

h. 1 a
2 de
3 para
4 x (no falta nada)

i. 1 a
2 dentro de
3 para
4 por

j. 1 a
2 de
3 distancia de
4 en

Lo que sigue, no es un test propiamente dicho, ya que hay algunas expresiones que no han salido en las lecciones anteriores, de modo que es posible que Vd. desconozca algunas. Sin embargo, vale la pena conocerlas. Indique Vd. cuál de las frases 1, 2, 3 explica mejor el sentido de la frase anterior.

k. Esa es una cosa propia de los españoles.
1 Es una cosa que pertenece a los españoles.
2 Es algo típicamente español.
3 Es algo bastante extraño.

l. Es mi punto de vista.
1 Desde aquí miro siempre el paisaje.
2 Es la razón de que lleve gafas.
3 Es mi opinión.

m. Hemos quedado a las siete.
1 Eramos nueve, pero dos se han marchado.
2 Queremos reunirnos a las siete.
3 Hemos llegado a las siete, más o menos.

n. Le dejaré un recado.
1 Le daré una cosa bonita que no debe pagar Vd.
2 Tendrá Vd. un recuerdo mío.
3 Le darán una noticia mía.

o. A Juan le han puesto a régimen.
1 No debe comer lo que quiera.
2 Está haciendo el servicio militar.
3 Tiene enchufe y le han prometido un buen puesto.

p. Estoy aquí de paso.
1 No vivo aquí.
2 Estoy dando una vuelta.
3 Vivo muy cerca.

q. No me vino a ver. ¡Y pensar que me lo había prometido!
1 No vino a verme aunque me lo había prometido.
2 No vino aunque yo pensé que me lo había prometido.
3 No vino precisamente porque no me lo había prometido.

r. Tengo la sensación de que Pepe está enamorado.
1 Tengo una noticia inesperada.
2 No sé si es cierto lo que creo ver.
3 No cabe duda de que Pepe está enamorado.

s. Me tiene sin cuidado.
  1 Ella no se ocupa nada de mí.
  2 Esto no me preocupa.
  3 El no me respeta.

t. Tiraba la casa por la ventana.
  1 Tenía la ventana abierta y hablaba con todos.
  2 Juzgaba las casas por sus ventanas.
  3 Gastaba muchísimo dinero.

u. ¿Me quiere tomar el pelo?
  1 ¿Quiere cortarme el pelo, por favor?
  2 ¿Quiere quitarme lo poco que tengo?
  3 ¿Quiere gastarme una broma?

v. Viene a ser lo mismo.
  1 El va a trabajar en la misma profesión de antes.
  2 Todavía no es lo mismo.
  3 En el fondo es igual.

w. No me venga con cuentos.
  1 No me diga mentiras.
  2 No quiero pagarle nada.
  3 No me interesa lo que cuenta Vd.

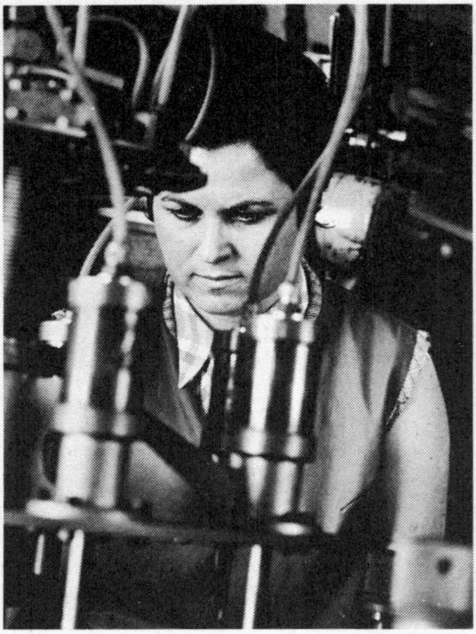

El trabajo de la mujer **17A**

El instituto de la opinión pública da a conocer en sus informaciones más recientes una encuesta entre estudiantes sobre «expectativas profesionales de los españoles». Se refiere, entre otras cosas, al trabajo de la mujer o más bien a su consideración actual desde los puntos de vista masculino y femenino.

El 94 por 100 de los muchachos encuestados responden con un sí a la pregunta: «¿Cree que deben tener las chicas las mismas oportunidades profesionales que los chicos?» Los más opuestos a la competencia femenina son estudiantes de profesiones industriales y ayudantes técnicos sanitarios.

Por el lado femenino, sólo el 60 por 100 de las encuestadas piensa tener iguales oportunidades profesionales que sus compañeros. El 35 por 100 considera que el porvenir se presenta desigual, muchas estudian para ser ingenieros. En cuanto a sus razones para explicar la desigualdad, la mayoría dice que «la falta de justicia está en la mentalidad del país» y añade que «a la mujer se la considera menos capacitada que al hombre».

Como conclusión, puede decirse que los jóvenes estudiantes muestran una actitud abierta y realista respecto al trabajo femenino. Las jóvenes ya no quieren ser exclusivamente «mujercita de su casa» (cocinar, lavar, planchar, cuidar de los niños) y los jóvenes consideran en su mayoría que sería injusto no concederles a las mujeres iguales oportunidades. En esto, el futuro de España será bien distinto del pasado.

Mujeres en Andalucía

Según un trabajo escrito por una especialista andaluza, en el campo, la mayoría de las mujeres mayores de veinticinco años no han aprendido a leer. En un pueblo muy cerca de Granada, ya no hay chicas solteras – las últimas que quedaban se fueron a Madrid o Barcelona como empleadas de hogar o camareras de hotel – y sí, en cambio, hay muchísimas mujeres casadas de todas las edades que se quedaron solas desde que se casaron, porque sus maridos están en el Mercado Común ... No los ven más que una vez al año como máximo, y admiten que no les echan de menos. Se han acostumbrado a esta vida. Se pasan el día sentadas a la puerta de su casa, haciendo mantillas. Por cada pieza terminada, cien pesetas.
Quizá no nos guste esta imagen y prefiramos olvidarla. Pero éste es también un aspecto de Andalucía. Un aspecto real.

Sólo el 60% de las mujeres encuestadas piensa tener iguales oportunidades profesionales que sus compañeros

17 B

1. más de 25 → I.11.6 no más que

mayor de 25	En el campo andaluz, muchas mujeres **mayores de 25** años no saben leer. Las mujeres casadas **no** ven a sus maridos **más que una vez** al año. **Más de la mitad** de ellas dicen que no los echan de menos.
más de la mitad no más que una vez	

2. -dad -ista -ación -izar des- in-/i- → 8.5, 13.2, 14.3

igual**dad** – *igual* – *desigual* – desigual**dad**
real**idad** – *real* – real**izar**
real**ista** – *real* – *irreal* – irreal**idad**
especializ**ación** – especial**izar** – *especial* – especial**idad** – especial**ista**

17 C

1. Ponga Vd. la palabra que falta.

a. El instituto de la opinión pública ha realizado una encuesta con más .... 2.500 estudiantes.
b. Más .... 50 por ciento de las chicas que quieren trabajar
c. tienen la intención de dedicarse a la enseñanza. Nada más............. un 13 por 100 se dedicará a trabajar libremente. Las chicas mayores
d. .... 25 años son relativamente pesimistas respecto a sus
e. oportunidades profesionales, mientras que las chicas menores.......... 22 años muestran más optimismo a este respecto.

2. Indique Vd. cuál de las frases 1, 2, 3 explica mejor el sentido de la frase anterior. Discutan Vds. lo que significan las otras frases.

a. Juanita no entiende ni palabra.
1 Hay algunas palabras que no comprende.
2 Ella no entiende tampoco.
3 Ella no entiende nada en absoluto.

b. Póngame con el señor García.
1 Dígale que me llame.
2 Preséntеme a él.
3 Quiero hablar con él.

c. Por supuesto no vino.
1 Desde luego no vino.
2 Supongo que no vino.
3 No vino porque no tuvo la intención de venir.

d. El aparato se presta a muchos trabajos.
1 El aparato lo prestamos muchas veces a los vecinos y amigos.
2 El aparato sirve para muchos fines.
3 Muchos obreros vienen a pedirnos el aparato para un día o dos.

e. Este es el problema propiamente dicho.
1 Es el verdadero problema.
2 Así queda bien explicado el problema.
3 Es verdaderamente un problema.

3. Ponga la forma correcta de los verbos indicados.

a. ayudar	Mariola se puso a poner la mesa. Su amiga le..............
b. decir	La madre les .... que pusieran un cubierto más
c. poner	para Pili. Pero no .... cubierto para Pili ni
d. querer	tampoco para Mariola, porque no .... que-
e. querer	darse a cenar. .... ir al cine.
f. estar	Los vasos .... todavía en la cocina.
g. ir	.... a buscarlos.
h. preguntar	Luego .... a la madre si les permitía ir al
i. permitir	cine. Se lo .... porque la película
j. ser	.... apta para menores. Todas las amigas de
k. haber	Mariola la .... visto. La madre les
l. decir	.... que vinieran a casa inmediatamente
m. querer	después. No .... que volvieran tarde.
n. tener	Mariola .... dinero para ir al cine porque dos
o. dar	veces a la semana .... clase a un chico que
p. llamarse	.... Paco.
q. indicar	La madre les .... que salieran antes que
r. venir	.... su padre, porque ella no

s. estar .... segura de si su marido les permitiría
t. ponerse salir. Mariola .... el abrigo
u. despedirse y .... de su madre. Las dos chicas
v. marcharse .... muy contentas.

4. Ponga Vd. la palabra que falta. Si no falta nada, ponga una cruz (x).

a. Mi médico me recomienda .... quedarme unos días más en la cama.
b. Además, dice que tendré que renunciar durante algún tiempo .... beber alcohol.
c. Pero .... lo demás cree que pronto
d. podré empezar a trabajar .... nuevo.
e. ¿Qué puedo hacer .... ti?
f. Ya sabes que .... cualquier momento
g. estoy .... tu disposición.
h. .... momento estoy libre y tengo todo el tiempo que quieras.
i. Todo lo que hago lo hago .... mi cuenta, de modo que puedo organizarme el día como quiera. Todavía no me he acostumbrado del todo
j. .... esta vida, pero sé que cuando tenga que dejarla, la
k. echaré .... menos.

5. Temas de conversación

¿Cree Vd. que en nuestro país las chicas tienen las mismas oportunidades profesionales que los chicos?
Si le parece que depende de la profesión que elijan, diga cuáles son las profesiones «masculinas» y cuáles las «femeninas».
Si su marido encontrara en otra ciudad un trabajo mejor o más interesante, ¿admitiría Vd. durante el período de prueba una separación?
Si su mujer encontrara en otra ciudad un trabajo mejor o más interesante, estaría Vd. dispuesto a buscar trabajo en la misma ciudad?
¿Cuál es el tiempo máximo que consentiría Vd. estar separados?

La cola de los contribuyentes

18 A

Están lejos los tiempos de las colas del pan y de los huevos, a las que siguieron la cola del cine y la del fútbol. El hacer cola es un arte del español: Se lo pasa muy bien en la cola. Se la toma con calma e incluso la encuentra divertida.

Hay gran variedad de colas. Ahora estamos con las colas de los contribuyentes. Hay quien dice que van despacio. Es sorprendente que haya tanta gente que quiera pagar impuestos ... Incluso dan números de un día para otro. Primero hacen grandes anuncios para que paguemos impuestos, y cuando el español decide entregarle a la Hacienda lo que la Hacienda dice que es suyo, resulta que tiene que hacer cola. De pie, durante horas enteras, en un pasillo de Hacienda, avanzando centímetro a centímetro ... Nadie empuja a nadie. Gente bien educada.

Como soy uno de los pocos paseantes que quedan este verano en Madrid, hombre desocupado y curioso, me he ido a la cola de los contribuyentes para ponerme a bien con el Estado y ver lo que se aprende en ella. Que a lo mejor haces una amistad o «ligas» una viuda. Bueno, la verdad es que me puse en la cola creyendo que era una cola para donar sangre. Me había equivocado. ¿No se confunde Vd. nunca? Luego, por las conversaciones de la gente comprendí

que se trataba de impuestos. Esperaba entonces encontrar allí a los grandes terratenientes, a los banqueros, a los toreros de cartel, a la gente de la cartera llena de billetes, porque decían que les iban a pedir en serio que declararan de verdad. Como he leído cosas muy enérgicas sobre reforma fiscal, esperaba encontrar a las famosas trescientas familias, pero ni sombra. Lo que descubrí en la cola no eran más que señoras con niños, hombres leyendo periódicos deportivos y comiendo bocadillos, y gente de edad contándose sus enfermedades y que tenían que ir al dentista para que les sacara una muela. O sea, mayoría silenciosa. La cosa me pareció un poco misteriosa. ¿Será que los ricos no tienen conciencia fiscal? me pregunté. ¿Será que en este país sólo cumple el pueblo? No puede ser. Lo que pasa es que no tienen tiempo de ponerse a la cola. O que aún ignoran dónde está Hacienda. O que hay otra cola para ricos, para los que importan (o exportan), para los que pintan. A ver si doy con esa cola. Quiero localizar esa cola donde encuentre a la duquesa de Alba y El Cordobés. A lo mejor hoy no están porque les han dado número para otro día . . .

Madrileños haciendo cola en una parada de autobuses

18 B

1. creyendo

creyó/leyó		**Creyendo** que Carlos estaba en casa fuimos a verle, pero nadie abrió la puerta. El día siguiente, Carlos no me **creyó** que habíamos pasado por su casa. Me dijo que nos había estado esperando porque creía que iríamos ... No me explico por qué no nos **oyó.** Dijo que estuvo **leyendo** el periódico durante toda la tarde.
creyeron	creyendo	
cayó		
cayeron	cayendo	
oyó		
oyeron	oyendo	
construyó		
construyeron	construyendo	

2. -ero -ería

banco – ban**quero**	libro – libr**ero** – libr**ería**
toro – tor**ero**	reloj – reloj**ero** – reloj**ería**
aduana – aduan**ero**	(peluca) – pelu**quero** – pelu**quería**
carta – cart**ero**	carne – carn**icero** – carn**icería**
cocina – cocin**ero**	pan – pan**adero** – pan**adería**
hotel –	café – cafe**tería**
jardín –	

18 C

1. Conteste Vd. según el modelo:

> – Hoy ha llovido mucho. – Y sigue lloviendo.

a. En la montaña incluso ha nevado.
b. Pero en el Sur ha hecho calor.
c. Pablo ha trabajado mucho.
d. Ha escrito un montón de cartas.
e. Su mujer le esperaba a las siete.
f. El le ha dicho varias veces que ya no quiere trabajar tanto.
g. Siempre ha querido mucho a su mujer.

h. Los últimos meses ha dormido poco.
i. Me parece que se ha sentido un poco malo.
j. Su mujer le ha pedido que vaya al médico ...

2. Ponga Vd. la forma adecuada de *ser* o *estar*.

a. Los tiempos de la cola del pan .... lejos, gracias a Dios.
b. Pero .... curioso: hay otras colas.
c. Las nuevas colas no .... menos largas que las antiguas.
d. ¿No .... sorprendente que haya tantas colas?
e. Los que quieren pagar impuestos tienen que .... de pie durante horas enteras, en un pasillo de Hacienda.
f. En general, ... gente bien educada. Nadie empuja a nadie.
g. Mi amigo .... muy curioso: el otro día fue a la cola por pura curiosidad.
h. Claro, él no pierde nada, porque de momento .... sin trabajo y tiene tiempo.
i. Mi amigo .... muy divertido: cada día se le ocurre algo nuevo.
j. Con él, no he .... nunca aburrido.
k. Su hermana .... completamente distinta.
l. Ella no habla mucho, no tiene nunca una idea original. Ella ....
m. bastante aburrida. Si abre la boca .... para decir que quiere trabajar en una película.
n. Ahora, la que en realidad trabaja en películas .... su novia.
o. Yo no voy mucho al cine y no entiendo nada de eso, pero dicen que esa chica va .... cada vez más famosa. Un director de cine la descubrió por casualidad.
p. ¿Conoce Vd. a Roberto? ¿No? Nació aquí en Madrid, pero ahora .... de dentista en Granada. ¿Cómo es posible que no le conozca Vd.?
q. Yo .... seguro de que le conocía Vd. A lo mejor me equivoco ...
r. Por cierto, ¿ha visto Vd. a Charo? ¿Ha visto qué guapa ....
s. con su nuevo vestido? .... una chica guapísima. Pero a su
t. novio le conoce, ¿verdad? .... uno de los dos suizos que
u. trabajan en la fábrica. No, no .... el más alto de los dos,

v. el otro. . . . . muy rubio,
w. el otro . . . . moreno.
El novio de Charo, el rubio, va cada tarde a la playa. ¿No ha visto
x. Vd. lo moreno que . . . . ? Yo no sé qué hacen esos suizos para no coger un resfriado de primera bañándose con estas temperaturas.
y. Incluso dicen que el agua ya . . . . muy agradable.
z. ¡. . . . . unos locos!

3. Ponga Vd. la forma correcta de los verbos indicados.

a. ir	– Es posible que esta semana . . . . todos al cine: yo, mi novio y nuestros amigos.
	– Qué película vais a ver? Me gustaría ir con vosotros.
b. haber visto	– Es muy probable que tú ya la . . . . Es esa película que ha ganado un premio en Cannes.
c. ver	– ¿Cuál? Es imposible . . . . todas las películas que ganan premios en los festivales.
	– Eso sí, pero si una película obtiene un premio, es seguro
d. ser	que no . . . . muy mala.
e. ser	– De acuerdo, pero no es seguro tampoco que . . . . muy buena.
	– Bueno, ya veremos. De todos modos dices que no es
f. venir	imposible que . . . . con nosotros, ¿no? Me alegraría mucho.

4. En su próximo viaje que tiene que hacer a Madrid por cuestiones profesionales quiere aprovechar la ocasión de quedarse unos días por su cuenta. Un amigo le ha recomendado alquilar un coche dándole esta dirección: Automóviles García, Cea Bermúdez 179, Madrid. Escriba una carta pidiendo información, empleando los siguientes elementos:

a. número de días
b. fechas
c. tipo de coche que desea
d. ¿precio de alquiler?
e. ¿otras condiciones?

f. ¿posibilidad de devolver el coche en otra ciudad?
Ponga Vd. la fecha, empiece y termine la carta de forma corriente.

5. Temas de conversación

¿Vd. cree que el sistema fiscal (el sistema de los impuestos) es justo en nuestro país? ¿Por qué (no)?
¿Le parece justo que Vd. tenga que pagar impuestos? ¿Por qué (no)?

¿Le molesta el tener que hacer cola? ¿Por qué (no)?
¿Es interesante ir en un tren completamente ocupado?

Un diario suizo hace la pregunta de cuál es el país de Europa occidental mejor preparado para el futuro. Y para dar una contestación a esta pregunta, compara a los países en aspectos económicos, políticos y sociales, concediendo medallas de oro, de plata y de bronce, como si se tratara de una Olimpíada. En total, vencen los países del Norte: Suecia, Noruega, Alemania. España ocupa un honroso noveno lugar, con una sola medalla de oro. Veamos ahora algunos de los puntos de comparación:

¿Una sociedad de crecimiento?
España obtiene la medalla de oro, por delante de Alemania y Francia. España es el país donde más aumenta el producto nacional bruto.

¿Una sociedad de paz social?

La primera nación es Suecia. España logra un aceptable puesto en la clasificación en cuanto al porcentaje del salario bruto que recibe un obrero en caso de paro, pero tiene muy malas marcas en varios aspectos relacionados con el papel de los sindicatos en la sociedad y su independencia del Gobierno. Además, España tiene los salarios más bajos en la industria metalúrgica.

¿Una sociedad de igualdad para la mujer?

Es difícil que una empleada de Ministerio pueda trabajar a tiempo parcial o que obtenga permiso de tres años, cosa posible en Dinamarca o Alemania.

¿Una sociedad de justicia social?

España obtiene malas marcas porque en su sistema fiscal hay poca justicia social y porque las oportunidades del hijo de un obrero para estudiar son reducidas.

¿Una sociedad que garantiza la salud?

Tenemos un número bajo en camas de hospitales (48 por 10000 habitantes en 1973), pero también es bajo el número de suicidios. En total, en el aspecto sanitario ocupa España un puesto respetable.

¿Una sociedad que respeta la Naturaleza?

En este punto, España ocupa el último puesto de la clasificación europea, aunque la encuesta dice que en ningún lugar se ha pasado de las buenas intenciones.

¿Una sociedad tolerante?

Nos dan cero puntos por la censura de libros, periódicos y películas. Además, hacen constar que España e Irlanda son los únicos países en que el divorcio está prohibido, debido a la influencia de la Iglesia.

¿Una sociedad de auténtica democracia?

Según el criterio democrático que predomina en Europa, obtenemos tres redondos ceros en: justicia del sistema electoral, control del parlamento sobre el gobierno y protección de las libertades individuales. Vencen Suecia, Holanda y Dinamarca.

En conclusión, el diario suizo califica a España de nación desarrollada económicamente, pero a la que falta, para poder compararse con las naciones europeas más avanzadas, desarrollar las libertades sociales y políticas, y además, llegar a un justo reparto de la riqueza.

19 B

por delante de

España obtiene una medalla de oro **por delante de** Alemania y Francia.
La carretera pasa **por debajo del** puente del ferrocarril.
El avión vuela **por encima de** la ciudad.

19 C

1. Indique Vd. la frase que corresponde al texto de la lección.

a. El periódico suizo
1 concedió medallas de oro puro
2 concedió únicamente a España una medalla de oro
3 hizo ver las posibilidades futuras de los países europeos

b. 1 Suiza es el mejor país en lo que se refiere a paz social.
2 En España, los Sindicatos son una sociedad independiente del Gobierno.
3 Un obrero español que se queda sin trabajo recibe relativamente mucho en comparación con lo que ganaría trabajando.

c. Una empleada del Estado español
1 obtiene fácilmente el permiso de trabajar tres años
2 tiene dificultades cuando quiere trabajar media jornada
3 tiene posibilidades parecidas a las que existen en Dinamarca

d. El sistema de los impuestos en España
1 es muy social
2 ayuda a los obreros que quieran estudiar
3 no es muy duro con los ricos

e. Respecto a la contaminación, el diario dice que
1 en ningún país hay tan buenas intenciones como en España
2 prácticamente en ninguna parte se ha conseguido gran cosa
3 la encuesta no se ha podido terminar en ningún país

f. El diario dice que
1 los medios de comunicación son libres en España
2 el divorcio está prohibido en pocos países europeos
3 en España, la Iglesia tiene la influencia debida

2. Comprensión escrita

Enhorabuena a Iberia por su nuevo servicio de información

Hace unos días, la compañía Iberia anunciaba a través de la Prensa que su teléfono 262 67 00, de Madrid, estaba dispuesto a facilitar información rápida sobre asuntos de la misma compañía, turismo y servicios. Hemos querido comprobarlo. A media mañana del sábado, primero después de la publicación del anuncio, la operadora ha respondido a la llamada al cabo de cinco segundos. «Inforiberia, dígame», oímos.
Solicitamos que nos diga los vuelos a Vigo, la compañía que opera y el aparato que cubre la línea. A los treinta segundos, la voz ha vuelto a aparecer. «Tiene vuelo diario a las ocho de la mañana. Martes, jueves, sábado y domingo, a las 16.05 horas. La compañía que opera es Aviaco. El aparato, un «Focker».
Diez minutos más tarde hemos vuelto a telefonear para preguntar el precio del viaje Madrid-Nueva York. En treinta y cinco segundos obtenemos los datos, la variedad de tarifas, según la época del año y duración del viaje. Más tarde pedimos información hotelera de Oviedo. Queremos saber si hay algún hotel de cinco estrellas. A los cuarenta y cinco segundos, la operadora responde de este modo: «Hotel la Reconquista, calle Gil de Jaz. Precio: 800 pesetas habitación individual, 1.200, doble». Preguntamos si son precios actuales. Respuesta: «Son los precios oficiales».
Cuando marcamos el 262 67 00, casi al momento de terminar la anterior llamada, aparece la voz de un empleado a quien preguntamos información hotelera en Milán, Italia. Concretamos que interesa un hotel de cuatro estrellas. Veinte segundos después la misma voz dice: «Gran Hotel Continental. Precio: 2.260 liras la habitación individual; 3.410, la doble. Si le interesa un hotel algo más económico, puedo informarle sobre el Palace.»
Dejamos transcurrir media hora. Al cabo de este tiempo comunicamos con Inforiberia. Y escuchamos: «Agradecemos su llamada. Las líneas están

saturadas. Atenderemos su consulta si vuelve a telefonearnos dentro de unos instantes.» Al cabo de sesenta segundos llamamos. Queremos saber si este servicio existe igual que en Madrid en otras ciudades españolas. La señorita responde en el acto: «De momento, sólo en Madrid. Pero probablemente se ampliará a aquellas ciudades de más tráfico. Ahora atendemos cerca de 3.500 llamadas diarias. Si desea más información sobre este asunto puedo ponerle en comunicación con una determinada persona ...» Agradecemos a la señorita su interés. La prueba es suficiente. En ningún momento revelamos el origen de las llamadas efectuadas desde la Redacción de BLANCO Y NEGRO. Felicitamos a Iberia. Y deseamos que otras ciudades españolas dispongan de este servicio cuanto antes.

¿Es verdad que el artículo dice lo siguiente – sí o no?

Cuidado: para contestar correctamente no tiene Vd. que entender solamente el artículo, sino que tiene que fijarse bien en los detalles de las afirmaciones que siguen.

a. Iberia ha instalado en Madrid unas nuevas oficinas para la reserva de billetes. sí/no
b. El que escribe el artículo llamó porque quería ir a Vigo. sí/no
c. De Madrid a Vigo hay cada día dos vuelos de Aviaco. sí/no
d. La tarifa del vuelo a Nueva York, ida y vuelta, depende de cuándo vuelve Vd. sí/no
e. Hay temporadas en que el vuelo a Nueva York es más caro. sí/no
f. La operadora no sabe los precios actuales. sí/no
g. Para obtener información sobre hoteles en el extranjero hay que llamar otro número de teléfono. sí/no
h. El Gran Hotel Continental, de Milán, es el más económico que pueden recomendar. sí/no
i. Cuando el autor del artículo quiere llamar de nuevo, tiene que esperar treinta minutos. sí/no
j. Tiene una conversación corta, pero agradable con una señorita que le ruega que espere unos momentos. sí/no
k. El servicio de información de Iberia existe, entre otras ciudades, en Madrid, Barcelona, Palma de Mallorca y Santa Cruz de Tenerife. sí/no
l. En Madrid informan diariamente a 3.500 personas. sí/no

m. Al final de sus conversaciones con la señorita de Inforiberia, el autor del artículo le da las gracias diciendo que es periodista de BLANCO Y NEGRO. sí/no

n. El autor dice que es deseable que el servicio de información vaya a instalarse en otras ciudades españolas que todavía no lo tienen. sí/no

Después de marcar las soluciones – sí o no – comente Vd. las afirmaciones falsas corrigiéndolas según el texto original.

Abschlußtests

Test final 1

Lea Vd. la siguiente «Carta al director» y marque la solución correcta.

Señor director: Mucho se habla de que el sexo no debe ser **a.** .... de discriminación en el trabajo. Existen, también, leyes que garantizan la igualdad **b.** .... mujeres y hombres. Pero la verdad es que en **c.** .... la mujer se encuentra en peor situación que el hombre para llegar a determinados puestos o, incluso, para recibir el mismo **d.** .... por la misma función. Soy secretaria y **e.** .... más de ocho años trabajando. En estos ocho años he visto cosas increíbles. Se puede dar el caso de que **f.** .... experiencia una mujer lleve la organización de un archivo de una oficina y, sin embargo, esté ganando menos o **g.** .... que hombres que trabajan bajo su dirección. Eso sí, en este país todo el mundo masculino es muy simpático e incluso muy correcto con las trabajadoras. Pero nada más. Tengo la sospecha de que, **h.** ...., no nos toman en serio. **i.** .... , lo ideal sería evitar el trabajo, como lo hacía en lo posible la clásica mujer española. Pero esto, aunque nos pudiera gustar, es un lujo que la mayoría de las mujeres que trabajamos no **j.** ....

M. L. Sánchez, Bilbao.

a. 1 culpa
2 razón
3 resultado

b. 1 entre
2 por
3 por encima de

c. 1 la mayoría
2 la práctica
3 lo real

d. 1 puesto
2 salario
3 trabajo

e. 1 llevo
2 tengo
3 voy

f. 1 a causa de
2 como
3 por razones de

g. 1 el mismo
2 igual
3 mismo

h. 1 al fondo
2 en el fondo
3 en el último

i. 1 a lo mejor
2 menos mal
3 por otra parte

j. 1 nos es posible
2 nos podemos permitir
3 se nos permite

Marque la solución correcta. Si hay dos correctas, marque las dos.

k. Si no .... discriminación de sexos, las mujeres ganarían más en su trabajo.
1 habría
2 haría
3 hubiera

l. Una amiga mía me dijo hace poco que las mujeres .... en peor situación que el hombre para llegar a determinados puestos.
1 se encontraban
2 se encontrarían
3 se encuentren

m. Esa amiga mía trabaja de secretaria .... más de ocho años.
1 desde
2 desde hace
3 hace

n. Le pregunté si sus compañeros masculinos no .... correctos y simpáticos en el trabajo.
1 eran
2 fuesen
3 serían

o. Me dijo que sí, pero ella no cree que los hombres, en el trabajo, ... en serio a las mujeres.
1 toman
2 tomen
3 tomasen

p. Ella, si .... hacerlo, dejaría el trabajo.
1 podría
2 pudiese
3 pusiera

q. Pero aunque su marido no .... poco, no puede permitirse el lujo de dejar de trabajar.
1 gana
2 ganase
3 gane

Test final 2

Noel Carriou, un francés de cincuenta y cuatro años, **a.** .... a ocho años **b.** .... cárcel, **c.** .... haber matado a su segunda esposa – lo mismo que hizo con su **d.** .... mujer – a causa **e.** .... era mala cocinera. **f.** .... diecisiete años, Carriou, **g.** .... porque su mujer había frito demasiado un filete, la empujó **h.** .... violentamente que ella se rompió el cuello. Tras siete años de cárcel, fue puesto en **i.** .... por buena conducta y **j.** .... a casarse. Su segunda mujer cometió el mismo error, es decir, **k.** .... un filete demasiado hecho. Noel, que ya estaba de mal humor a causa **l.** .... un programa de televisión, mató a su esposa con un cuchillo. El juez **m.** .... que la intención del violento señor Carriou no era la de matarla, por **n.** .... creyó suficiente una condena de ocho años. (ABC 22–11–73)

a. 1 condenó
2 ha sido condenado
3 le han condenado

b. 1 de
2 en
3 a

c. 1 después
2 para
3 por

d. 1 antes
2 primer
3 primera

e. 1 de que
2 porque
3 que

f. 1 antes de
2 desde hace
3 hace

g. 1 enfadado
2 reaccionado
3 resfriado

h. 1 así
2 tan
3 tanto

i. 1 aire libre
2 libertad
3 libre

j. 1 de nuevo
2 decidió
3 volvió

k. 1 le metió
2 le repitió
3 le sirvió

l. 1 de
2 de que
3 por

m. 1 ha condenado
2 ha considerado
3 ha aceptado

n. 1 el cual
2 lo que
3 que

Marque la solución correcta. Si hay dos correctas, marque las dos.

o. – ¿En qué año se casaron Vds.?
– Llevamos treinta y .... años casados.
1 un
2 uno
3 unos

p. – ¿Qué lee Vd.?
– Ay, si no tengo tiempo para leer. Tardo siglos .... terminar un libro.
1 a
2 en
3 para

q. – ¿Vd. tiene hijos en Barcelona?
– Sí, y no puedo ni escribirles. Cojo el teléfono, aunque .... más caro.
1 es
2 sale
3 sea

r. – Para decir la verdad, no me gusta nada escribir. Pero no podría hacerlo aunque ....
1 me gustaría
2 me gustara
3 me gustase

s. – ¿Tienen discos?
– La música nos gusta toda. Desde Beethoven a la que llaman «pop», ... por lo sudamericano.
1 pasada
2 pasando
3 llegando

t. – ¿Van al cine?
– Muy poco. Pero me gustan las películas de humor. Yo quiero, ¿por qué no decirlo?, que las películas .... bien.
1 acaben
2 terminan
3 terminen

u. – ¿Qué desyuna Vd.?
Hago un desayuno un poco raro, ya verá Vd.: una taza de té, fruta del tiempo y sopa de ajo. Mi mujer siempre protesta, porque ya sabe Vd. lo que engordan estas sopas. Pero yo siempre le digo: No querrás que .... toda la mañana a base de té y de frutas.
1 me aguanto
2 mantenga
3 resista

Test final 3

Lea Vd. las instrucciones de la
CONSIGNA AUTOMATICA:

a. escoger	1	.... Vd. un casillero provisto de llave.
b. abrir	2	.... Vd. el casillero y
c. colocar	3	.... los bultos (maletas, bolsas, etc.)
d. introducir	4	.... Vd. dos monedas de 5 ptas. en la ranura.
e. cerrar	5	.... Vd. la puerta con llave,
f. retirarla	6	.... y
g. guardarla	7	....
		Para retirar sus bultos,
h. buscar	8	.... Vd. el casillero que tenga el número de su llave durante el primer día.
i. abrir	9	.... la puerta.
		Pasado el primer día:
j. seguir	10	.... Vd. la indicación que figura en el visor de la cerradura.
		En caso de avería o reclamación,
k. dirigirse	11	.... Vd. a la consigna ordinaria.

Test final 4

Lea Vd. el siguiente artículo: y marque la solución correcta. Si hay dos correctas, marque las dos.

Drogas para dormir

Hay noches que me **a.** .... mucho dormirme. Puede que sea cosa de **b.** ...., puede que no. Al parecer, le ocurre lo mismo a mucha gente y no siempre entrada en años. La industria farmacéutica hace grandes negocios con «tranquilizadores» que la gente compra para **c.** .... el tener que pasar una noche sin dormir.
Es **d.** ...., desde luego. Al fin y al cabo, es lo que hacemos con el dolor de muelas o con **e.** .... otra dificultad menor de nuestro cuerpo. Y más aún con las dificultades mayores. Los medicamentos se han **f.** .... en un «pan de cada día» tan importante como el otro. Uno toma una píldora o un comprimido que le permite **g.** .... mejor. A mí, personalmente, no me entusiasma la costumbre de tomarse muchas píldoras, y procuro limitarme a lo más necesario y **h.** .... : una aspirina de vez en cuando, una cucharadita de sal de frutas, un antibiótico cuando no se puede evitar. Espero que con esto **i.** .... durante muchos años y que no tenga que hacer lo que muchos otros hacen diariamente. Pero lo que comprendo perfectamente desde hace poco es que todos mis vecinos tomen las «pastillas para dormir». Necesitamos dormir cierto número de horas diarias para que nuestro organismo funcione normalmente, y nos **j.** .... muchísimo tener que pasar unas horas en la cama sin poder dormir. La noche se hizo para dormir, según la tradición. Y esta regla la **k.** .... el uso normal de la sociedad. La vida de muchos animales, aunque no de todos, nos parece indicar que es natural que **l.** .... de noche. Y por razones económicas es preferible que **m.** .... todos a la vez. Este es el drama del que no puede dormir: se siente solo porque todo el mundo está durmiendo. Claro que hay **n.** .... : trabajan el panadero, el sereno, los turnos de fábricas, el estudiante que **o.** .... se va a examinar. Pero estos casos no cuentan para el que no **p.** .... dormirse. Y si esta situación tan poco agradable puede **q.** .... con un pequeño comprimido, ¿es **r.** .... que muchos no puedan resistir?

(Según un artículo de La Vanguardia)

a. 1 costa
2 cuesta
3 es difícil

b. 1 la edad
2 lo antiguo
3 lo viejo

c. 1 evitar
2 quitar
3 resolver

d. 1 una solución
2 una sorpresa
3 una sospecha

e. 1 algún
2 cada
3 cualquier

f. 1 convertido
2 hecho
3 vuelto

g. 1 encontrar
2 estar
3 sentirse

h. 1 complicado
2 extraño
3 sencillo

i. 1 me baste
2 tengo bastante
3 tengo suficiente

j. 1 evita
2 impide
3 molesta

k. 1 comprueba
2 confirma
3 conforme

l. 1 descansemos
2 dormimos
3 nos cansamos

m. 1 descansamos
2 dormimos
3 durmamos

n. 1 especialidades
2 excepciones
3 expectativas

o. 1 de pronto
2 pronto
3 temprano

p. 1 consigue
2 logra
3 obtiene

q. 1 dar solución
2 encontrarle solución
3 resolverse

r. 1 cierto
2 extraño
3 seguro

WÖRTERVERZEICHNIS

Lección 1

La prima Angélica

es un director de cine	er ist (ein) Filmregisseur
la prima Angélica	die Kusine Angelica
es una niña-niña	sie ist ein (ganz normales) Mädchen
ni tímida ni repipi	weder schüchtern noch affektiert
¿cómo te aprendiste el papel?	wie hast du deine Rolle gelernt?
es un director buenísimo	er ist ein sehr, sehr guter Regisseur
me trajeron el guión	sie brachten mir das Drehbuch
vinieron a recogerlo	sie holten es ab
aprender el texto de memoria	den Text auswendig lernen
decidíamos entre los dos	wir entschieden gemeinsam
lo que yo iba a decir	was ich sagen sollte/würde
me lo inventaba	ich erfand es/dachte es mir aus
con un poco de imaginación	mit etwas Phantasie
¿te equivocabas mucho?	hast du dich oft versprochen (geirrt)?
por mi no hubo casi que repetir	meinetwegen mußte kaum wiederholt werden
me decía que no exagerara	er sagte, ich sollte nicht übertreiben
lo hacíamos como en un juego	wir machten es wie in einem Spiel
todo era muy divertido	es war alles sehr lustig
me gusta cada vez más	er gefällt mir immer besser
¿no le pareció mal que la hicieses?	fand er es nicht falsch/war er nicht dagegen, daß du den Film machtest?
pregúntaselo	frag (es) ihn, frag ihn danach
si no, no la hubiera hecho	sonst hätte ich ihn nicht gemacht
no te creas	glaub das nicht
me llaman «la artista»	sie nennen mich „die Künstlerin“
pero en broma	aber im Scherz
¿lo vas a echar de menos?	wirst du das vermissen?
¡ay, sí!, créemelo	oh (weh), ja!, glaub es mir!
una niña de mi edad	ein Mädchen in meinem Alter
¡ojalá!	hoffentlich! wenn's nur so wäre!
no creo que sea probable	ich glaube nicht, daß das wahrscheinlich ist
desgraciadamente	leider
¿cómo serás de mayor?	wie wirst du als Erwachsene sein?
mamá es delgada	Mama ist schlank

¿te imaginas soltera?	stellst du dir vor, daß du unverheiratet sein wirst?
siempre solita, no	immer so ganz allein, nein
me da miedo quedarme sola	ich habe Angst, allein zu sein
aunque sea de día	selbst wenn es hell ist
pero dime una cosa	aber sag mir etwas
¿cómo te has hecho periodista?	wie bist du Journalistin geworden?

un hombre conocido/famoso un hombre desconocido	¿qué te pareció tu trabajo? ¿te gustó tu trabajo?
me trajeron el guión el día siguiente se lo llevaron vinieron a recogerlo	Paco me ayuda: hacemos el trabajo entre los dos
¿te aburres? no, todo es muy divertido	son las cinco, ¿no? te equivocas, ya son las seis
¿no te parece mal que lo haga? al contrario, me parece muy bien que lo hagas	comes cada vez menos ... sí, pero bebo cada vez más
Carlos no viene hoy, sino mañana si no, iría a recogerle	Paco ya tiene 21 años es mayor de edad pero tiene dos hermanas menores la menor tiene 15 años
yo soy gordo mi mujer tampoco es muy delgada	soy/estoy casado mi hermano es soltero
Pepe es artista: trabaja de noche y duerme de día	¿lo dices en broma? no, en serio

Lección 2

Apta para menores

hazme el favor, sé buena	tu mir den Gefallen, sei lieb
pon un cubierto más	leg ein Gedeck mehr auf
vete a la cocina	geh in die Küche
ten cuidado	gib (hab) acht
no los rompas (romper)	zerbrich sie nicht, mach sie nicht kaputt
¿es apta para menores?	ist der Film jugendfrei?

no vuelvas tan tarde	komm nicht so spät zurück
sal antes que venga papá	geh weg, bevor Papa kommt
no quiero que haya discusiones	ich will nicht, daß es Diskussionen gibt
ponte el abrigo	zieh den Mantel an
no volváis tarde	kommt nicht zu spät zurück
ven/vente, Pili, vamos	komm, Pili, gehen wir!

Cosas de la política

por cierto	übrigens
venid/venir cuando queráis	kommt, wann ihr wollt
mañana vienen mis suegros	morgen kommen meine Schwiegereltern
¿es que no te llevas bien con ellos?	verträgst du dich nicht gut mit ihnen?
es una maravilla	es ist wunderbar
en mi familia es al revés	bei uns ist es umgekehrt
me pone nervioso mi suegra	meine Schwiegermutter macht mich nervös
se pone a hablar de la Iglesia	er fängt an, über die Kirche zu reden
me cansa oir siempre la misma canción	es macht mich müde/langweilt mich, immer das gleiche zu hören
cállate	halt den Mund
y en paz	und die Sache hat sich
no tiene objeto discutir	es hat keinen Sinn zu diskutieren
aunque no estás conforme	obwohl du nicht gleicher Meinung bist
¿venís pasado mañana?	kommt ihr übermorgen?

Mariola es buena: es simpática, ayuda a su madre, etc.
Pili no está bien: tiene dolores de cabeza, no se siente bien

Mariola ha tenido suerte: se le ha caído un vaso, pero no se ha roto

¿te llevas bien con Pili?
sí, nos entendemos muy bien

¿tienes problemas?
no, en absoluto

en mi familia es igual
en la mía es al revés

me pongo nervioso cuando está ella
ella me pone nervioso

no sigas hablando:
¡cállate!

¿estás conforme?
sí, estoy de acuerdo

Manolo tiene razón
no, se equivoca/está equivocada

anteayer – ayer – hoy –
mañana – pasado mañana

Un problema familiar

la experiencia de la vida	Lebenserfahrung
desde que nacieron los chicos	seitdem die Kinder geboren wurden
hasta que venga	bis er kommt
subirá a vernos	er wird hinaufkommen, um uns zu besuchen
se limpia los zapatos	er putzt sich die Schuhe
va a cualquier restaurante	er geht in irgendein Restaurant
tanto mis padres como los suyos	sowohl meine Eltern als auch seine
le ofrecieron que fuera a comer con ellos	sie boten ihm an, er solle zu ihnen zum Essen gehen
él sale tarde	er kommt spät aus dem Büro
sería mucha molestia esperarle	es wäre eine Belastung, auf ihn zu warten
no hay andando ni diez minutos	zu Fuß sind es nicht einmal zehn Minuten
querrá refrescarse	er wird sich frisch machen wollen
mientras que él asegura	während/wogegen er versichert
saldrá como siempre	er wird wie immer ausgehen
estarán de Rodríguez	sie werden Strohwitwer sein
no tendría más que calentar la comida	er müßte das Essen nur aufwärmen
tirará a la basura la comida	er wird das Essen in den Mülleimer werfen
sería una vergüenza	es wäre eine Schande
más valdrá poner las cosas en claro	es wird besser sein, Klarheit zu schaffen
su amabilidad se hace pesada	ihre Liebenswürdigkeit wird lästig
quizás sea lo mejor proponerle	vielleicht ist es das beste ihm vorzuschlagen
que consienta en venir a comer	daß er einwilligt, zum Essen zu kommen
quiero conseguir que queden contentos	ich will erreichen, daß sie zufrieden sind
él dirá que no	er wird nein sagen
le da la impresión de que se trataría de una especie de control	er hat den Eindruck, daß es sich um eine Art Kontrolle handeln würde
la libertad de acción	die Handlungsfreiheit
tengo confianza en él	ich habe Vertrauen zu ihm
nunca me ha escondido nada	er hat mir nie etwas verborgen
son ganas de tirar el dinero	das heißt das Geld hinauswerfen (wollen)

lo pasa muy bien	es geht ihm sehr gut, er fühlt sich sehr wohl
juegan a las cartas	sie spielen Karten
las dos personas que más quiero	die beiden Menschen, die ich am meisten liebe
lograr que se mantenga la paz	erreichen, daß der Frieden erhalten bleibt
estoy poco menos que desesperada	ich bin fast verzweifelt
si supieras darme un consejo	wenn du mir einen Rat geben könntest

Lección 4

La droga era barata

Vd. ha sido condenado	Sie sind verurteilt worden
por delitos contra la propiedad	wegen Eigentumsdelikten
tornero de profesión	von Beruf Dreher
fue detenido	er wurde verhaftet
¿qué hacía la grifa en su chaqueta?	was machte das Rauschgift in Ihrer Jacke?
pagamos mil pesetas a medias	wir zahlten je zur Hälfte 1000 ptas.
le hacía falta dinero	er brauchte Geld
el motivo fue ayudarle	der Grund/die Absicht war, ihm zu helfen
no le conocíamos	wir kannten ihn (noch) nicht
le conocimos en la estación	wir lernten ihn am Bahnhof kennen
¿por qué se lo íbamos a regalar?	warum sollten wir es ihm schenken?
aparte de la grifa	abgesehen von dem Rauschgift
era el producto de la venta	es war der Erlös aus dem Verkauf
en el juicio oral	in der mündlichen Verhandlung
declaró que le habían obligado a firmar aquella declaración	er sagte aus, man hätte in gezwungen, diese Aussage zu unterschreiben
los dos afirmaron que ...	beide erklärten/behaupteten, ...
el ministerio público	die Staatsanwaltschaft
admitió que era una lástima	sie räumte ein, es sei schade
que una persona desconocida	daß eine unbekannte Person
se aprovechara de los jóvenes	die jungen Leute ausnützte
en el tráfico de drogas	im Rauschgifthandel
ni mucho menos	keineswegs
una ocasión de obtenerla barata	eine Gelegenheit, die Droge billig zu bekommen
no se debe juzgar como delito	darf nicht als Vergehen beurteilt werden

si no se prueba	wenn nicht bewiesen wird
intentaron venderla	sie versuchten, die Droge zu verkaufen
un delito contra la salud pública	ein Vergehen gegen die öffentliche Gesundheit
un ataque contra la salud propia	ein Angriff auf die eigene Gesundheit
¿se condena al alcohólico?	wird der Alkoholiker verurteilt?
¿tiene que ir a la cárcel ...?	muß ... ins Gefängnis?
una cantidad peligrosa de alguna medicina	eine gefährliche Menge irgendeiner Medizin
sigue disfrutando de su libertad completa	genießt weiterhin volle Freiheit
solicito la libre absolución	ich beantrage Freispruch
bajo la copiosa melena	unter der dichten Haarmähne
tiene caspa	er hat Schuppen

me acuerdo de ello lo recuerdo	tiene 20 años es un chico de 20 años
Manuel fue detenido con su amigo los dos fueron detenidos	mi deseo fue ayudarle quería hacerle un favor
cambiaron de tren: bajaron del tren en que venían subieron a otro tren	vive en casa de un hermano suyo va a casa de un hermano suyo viene de casa de un hermano suyo
¿qué le hace falta a Vd.? ¿qué necesita?	¿por qué no le regalas el dinero? ¿por qué se lo voy a regalar? ¿por qué no le regalaste el dinero? ¿por qué se lo iba a regalar?
me gusta terminar las cosas y hacerlas bien: no me gusta hacerlas a medias	si es Vd. inteligente, aprovechará la ocasión
le obligaron a firmar no le quedó más remedio que firmar	¿no le da vergüenza aprovecharse de las dificultades que tenemos?

Lección 5

Su padre se sintió orgulloso

me parece absurdo eso de fumar	ich finde das Rauchen absurd
admito que es absurdo	ich gebe zu, es ist absurd
¿qué le voy a hacer?	was kann ich schon ändern?
¿estaría dispuesto a dejar de fumar?	wären Sie bereit, das Rauchen aufzugeben?

sería incapaz de hacerlo	ich wäre unfähig, das zu tun
me da vergüenza	ich schäme mich
es mi punto débil	das ist mein schwacher Punkt
es una costumbre	es ist eine Gewohnheit
el cuerpo lo exige	der Körper verlangt es
no tengo la fuerza suficiente	ich habe nicht genug Kraft
no tengo la voluntad suficiente	ich habe nicht genug Willen(skraft)
lo intenté, pero nada	ich hab's versucht – nichts zu machen
de niño	als Kind
¿quién no se ha puesto un cigarrillo en la boca?	wer hat sich nicht eine Zigarette in den Mund gesteckt?
para parecer mayor	um älter/erwachsen zu wirken
no se vuelven más importantes	sie werden nicht wichtiger/bedeutender
en el fondo	im Grunde
se meten en un gran lío	sie bringen sich in eine große Schwierigkeit
repitiendo los errores de sus padres	wenn sie die Fehler ihrer Väter wiederholen
se sintió orgulloso de su hijo	er war/fühlte sich stolz auf seinen Sohn
aunque me hubiese pegado una paliza	selbst wenn er mich verprügelt hätte
no piensa en los daños	er denkt nicht an die Schäden
que puede causarle el tabaco	die ihm das Rauchen zufügen kann
con el alcohol es evidente	beim Alkohol ist es klar
uno puede destrozarse la vida	man kann sich das Leben kaputtmachen
pero ¿y el cáncer?	ja, aber der Krebs?

Carta a una amiga española

te sorprenderá recibir una carta mía	es wird dich überraschen, einen Brief von mir zu bekommen
pasa lo siguiente:	es ist folgendes:
en ninguna parte	nirgends
a lo mejor no se llama así	vielleicht heißt es nicht so
no lo apunté bien	ich notierte es nicht richtig
gracias de antemano por tu amabilidad	vielen Dank im voraus für deine Freundlichkeit
caso que te pueda mandar algo	falls ich dir etwas schicken kann
en el sobre	auf den Briefumschlag
unos sellos que han salido recientemente	Briefmarken, die kürzlich herausgekommen sind

admito que es absurdo reconozco que es absurdo	no soy capaz de hacerlo soy incapaz de hacerlo
empecé a fumar de niño mi prima trabaja de secretaria	he buscado por todas partes no lo encuentro en ninguna parte Juan me acompaña a todas partes de momento no me gusta ir a ninguna parte
he intentado comprar el libro he tratado de conseguirlo	
ha sido un error se ha equivocado	está orgulloso de lo que ha hecho le da vergüenza lo que ha hecho
débil – debilidad – fuerte – fuerza	

Lección 6

Agua para Carmona

hacía un calor insoportable	es war unerträglich heiß
deseaba cambiarme de ropa	ich wollte mich umziehen
de repente	plötzlich
a unos 35 kilómetros de Sevilla	etwa 35 km von Sevilla entfernt
me hicieron señales	sie machten mir Zeichen
para que me detuviera	damit ich anhielt
¿qué se les ocurre?	was fällt Ihnen ein?
esto no puede ser	das geht doch nicht!, das darf doch nicht sein!
queremos que todos lo sepan (saber)	wir wollen, daß alle es wissen/erfahren
llevan más de un año sin agua	sie sind schon über ein Jahr ohne Wasser
ni siquiera las fuentes	nicht einmal die Brunnen
están contaminadas	sie sind verschmutzt/verseucht
nos advierten que no bebamos	sie warnen uns davor, zu trinken
¿qué quieren que beba la gente?	was sollen die Leute denn trinken?
no les importa que se muera uno	es ist ihnen gleich, wenn einer stirbt
o que nos muramos todos	oder wenn wir alle sterben
todo ha sido insuficiente	alles ist unzureichend gewesen
siento que no esté la televisión	es tut mir leid, daß das Fernsehen nicht da ist
me alegraría que lo supiesen (saber)	ich würde mich freuen, wenn sie es erfahren würden

¡qué idea de lo que es Andalucía!	was für eine Vorstellung davon, was Andalusien ist!
la policía logró desviar el tráfico	es gelang der Polizei, den Verkehr umzuleiten
llegué con dos horas de retraso	ich kam mit zwei Stunden Verspätung an
abrí el grifo de la ducha	ich drehte den Hahn der Dusche auf
me sorprendió que saliera agua	es überraschte mich, daß Wasser herauskam
me llevé una sorpresa desagradable	ich erlebte eine unangenehme Überraschung
el primero de agosto	am 1. August
protestaban por la falta de agua	sie protestierten wegen des Wassermangels
organizaron «sentadas»	sie organisierten Sitzstreiks
impidiendo el tráfico	und verhinderten damit den Verkehr
en la carretera nacional IV	auf der Staatsstraße IV
a la entrada de la mencionada población	am Eingang des genannten Orts
trataba de convencer a los vecinos	sie versuchte, die Einwohner zu überzeugen/überreden
se disparó un arma de fuego	eine Schußwaffe ging los
hiriendo a dos de los presentes	und verletzte zwei der Anwesenden
sufrió heridas de carácter grave	er erlitt schwere Verletzungen
de las que murió poco después	denen er kurz darauf erlag
aunque fue llevado al puesto de socorro	obwohl er in die Unfallstation gebracht wurde
quedó restablecida la normalidad	die öffentliche Ordnung war wiederhergestellt
Sevilla, dos de agosto	Sevilla, am 2. August
Gobierno Civil	Zivilverwaltung

Manuel fue detenido	¿qué le ha ocurrido/pasado?
el coche se detuvo	¿qué se le ocurre? – ¡qué idea!

estamos pidiendo agua desde hace treinta años	¿le importa que fume?
llevamos treinta años pidiendo agua	¿le molesta que fume?
hace treinta años que estamos pidiendo agua	

nos advierten que el agua no se debe beber – nos informan de ello
nos advierten que no bebamos el agua – nos lo dicen/aconsejan

la cosa cambia/ha cambiado	lograron desviar el tráfico
el tiempo cambia	consiguieron desviar el tráfico
tengo que cambiar de tren	me sorprendió recibir su carta
a ver si cambia Vd. de ideas	me sorprendió que él me escribiese
voy a cambiarme de ropa	me llevé una gran sorpresa

Lección 7

Un accidente de tráfico

en un cruce de carreteras	an einer Straßenkreuzung
había chocado un coche con un camión	war ein Wagen mit einem Lastwagen zusammengestoßen
de momento, los daños materiales parecían lo de menos	im Augenblick schienen die Sachschäden das wenigste zu sein
había dado con la cabeza contra el cristal	sie war mit dem Kopf gegen die Scheibe gestoßen
hiriéndose en la frente	sie verletzte sich dabei an der Stirn
para ofrecer su ayuda	um ihre Hilfe anzubieten
el próximo puesto de socorro	die nächste Unfallstation
no creo que haga falta	ich glaube nicht, daß es nötig ist
no se quite la sangre	wischen Sie sich nicht das Blut weg
con ese pañuelo	mit diesem Taschentuch
llevar puesto el cinturón	den Sicherheitsgurt angelegt haben
véngase conmigo	kommen Sie mit mir
quizá no sea nada	vielleicht ist es gar nichts
un golpe así no es para bromas	ein solcher Aufprall ist nicht zum Spaßen
de todas formas tengo que quedarme	ich muß auf alle Fälle dableiben
habrá que remolcar el coche	man wird den Wagen abschleppen müssen
para que te asista un médico	damit dich ein Arzt versorgt
se alejó el coche	der Wagen entfernte sich
el carnet/el permiso de conducir	Führerschein
por lo que se ve	nach dem, was man sieht
¿iba a mucha velocidad?	fuhren Sie sehr schnell?
venía a una velocidad espantosa	er kam mit schrecklicher Geschwindigkeit
Vd. no respetó la preferencia	Sie beachteten die Vorfahrt nicht
la parte delantera	der vordere Teil
ha quedado muy mal	sieht ziemlich übel aus

las ruedas y los neumáticos parecen intactos	die Räder und Reifen scheinen intakt
ponga el motor en marcha	lassen Sie den Motor an
pruebe los frenos	probieren Sie die Bremsen

Muertos de hambre

¿por qué pones esa cara?	warum machst du so ein Gesicht?
me muero de hambre	ich sterbe vor Hunger
podías haberlo dicho	du hättest es sagen können
¿nos haces unos bocadillos?	machst du uns belegte Brote?
la mesa está cubierta de libros	der Tisch ist mit Büchern bedeckt

va/viene a mucha verlocidad se acerca – llega – se aleja	el coche chocó con otro chocó contra un árbol dio contra un árbol
un golpe así no es para bromas debe tomarlo en serio	los daños materiales son lo de menos no son lo más importante, ni mucho menos

Lección 8

Blanca

al salir de la casa por poco me caigo	als ich aus dem Haus gehe, falle ich fast hin
cuidado, no te caigas	Vorsicht, fall nicht!
a ver si quepo	mal sehen, ob ich reinpasse
tú sí que cabrás	du wirst schon reingehen
me temo que no quepa	ich fürchte, sie paßt nicht rein
lo menos posible	so wenig wie möglich
vale, vamos	in Ordnung, fahren wir!
es amiga íntima	sie ist eine gute Freundin
está resfriada	sie ist erkältet
de los tiempos del colegio	aus der Schulzeit
jugarás en el mismo equipo	du wirst in derselben Mannschaft spielen
por Dios, para eso no valgo yo	um Gottes willen, dazu tauge ich nicht
soy muy lento	ich bin sehr langsam
¡cómo no vas a valer!	du und nicht taugen?

es un tipo muy deportista	er ist ein guter Sportler
lo que pasa es que hay otros deportes	es gibt eben andere Sportarten
en alguna ocasión anterior	irgendwann früher
se parece a otra persona	sie sieht jemand anderem ähnlich
es baja	sie ist klein
tiene una cara muy mona	sie hat ein sehr hübsches Gesicht
una cara un poco dulce	ein etwas weiches Gesicht
pero a la vez	aber gleichzeitig
una cara de mucha personalidad	ein sehr ausdrucksvolles Gesicht
es morena, tiene el pelo corto	sie hat dunkle kurze Haare
tiene unos movimientos muy graciosos	sie hat sehr graziöse Bewegungen
tiene los dedos finos	sie hat feine, schmale Finger
tiene un estilo muy personal	sie hat einen persönlichen Stil
¿será la combinación de los colores?	ist es wohl die Farbzusammenstellung?
falda ancha de color violeta	weiter lila Rock
jersey de lana gris	grauer Wollpullover
pañuelo de color naranja	orangefarbenes Halstuch
estás muy callado	du bist so schweigsam
me da la impresión (de que)	ich habe den Eindruck, (daß)
¿es posible que nos conozcamos?	ist es möglich, daß wir uns kennen?

Tiempo variable

ha refrescado bastante	es ist ziemlich kühl geworden
¿qué tiempo hará mañana?	wie wird das Wetter morgen?
varía mucho	es wechselt sehr stark
el invierno empieza temprano	der Winter fängt früh an
casi no hemos tenido otoño	wir hatten kaum einen Herbst
en la montaña ya nieva	im Gebirge schneit es schon
habrá niebla por la mañana	am Vormittag wird es Nebel geben
el cielo ha estado cubierto de nubes	der Himmel ist (von Wolken) bedeckt gewesen

Pili lleva una falda ancha Blanca lleva pantalones estrechos	todos hablan a la vez todos hablan al mismo tiempo
Blanca tiene el pelo corto no lleva el pelo largo	Fernando es muy deportista practica varios deportes
un equipo de fútbol me gusta trabajar en equipo	Fernando dice que es muy lento pero en realidad es muy rápido

Paco trabaja lo menos posible trata de ganar lo más posible	¿Montserrat es morena? no, es rubia
no hace sol el tiempo varía mucho el cielo está cubierto	ya no hace calor ha refrescado bastante llueve – nieva – hay niebla
en (la) primavera – en verano – en otoño – en invierno	

Lección 9

Cerrado por obras

nos dimos un paseo en coche	wir fuhren spazieren
ahora, que no hay turismo	jetzt, wo es keinen Fremdenverkehr gibt
es una cosa incomparable	es ist etwas Unvergleichliches
esto sí que tengo que contárselo	das muß ich Ihnen schon erzählen
propuso que fuéramos al parador de Aiguablava	er schlug vor, wir sollten zum Parador (staatl. Hotel und Restaurant) von Aiguablava fahren
en el primer poste indicador	an der ersten Hinweistafel (-stange)
observé un gran letrero	beobachtete/sah ich ein großes Schild
cerrado por obras	wegen Bauarbeiten geschlossen
mirar el mapa	auf die Landkarte schauen
dijo que no hiciera caso del aviso	er sagte, ich solle den Hinweis nicht ernst nehmen
por casualidad	zufällig
uno de los sitios de mayor belleza	eine der schönsten Stellen
se hallaba ocupado solamente a medias	er war nur halb besetzt
también nos habríamos dado la vuelta	wir wären auch umgekehrt
¿se hallaba cerrado el alojamiento?	war die Unterkunft/das Hotel geschlossen?
no se me ocurrió preguntar	ich dachte nicht dran zu fragen
se pregunta uno	man fragt sich
si se tratara de una empresa privada	wenn es sich um ein privates Unternehmen handelte
allá ellos ...	das ist/wäre deren Sache
se juega con el dinero del Estado	da wird mit dem Geld des Staats gespielt

eso me pone furioso	das macht mich rasend
es increíble	es ist unglaublich

Rascacielos en la playa

está viniendo cada vez más gente	es kommen immer mehr Leute
el turismo lo está cambiando todo	der Tourismus verändert alles
no les dan todas las facilidades	man gewährt ihnen nicht alle Erleichterungen
no han permitido que se construyan rascacielos	man hat nicht erlaubt, daß Wolkenkratzer gebaut werden
han prohibido la construcción de un hotel	sie haben den Bau eines Hotels verboten
hubiera quitado la vista a otros	es hätte anderen die Sicht genommen
les preocupa que pueda pasar lo mismo	man ist besorgt, daß dasselbe passieren kann/könnte
la hamaca	Liegestuhl (Hängematte)
buscar un sitio adonde llegue el sol	eine Stelle suchen, wo die Sonne hinkommt
los rascacielos hacen sombra	die Wolkenkratzer machen Schatten
¡y pensar que vienen por el sol!	und dabei kommen sie doch wegen der Sonne!
sueñan con el sol (soñar)	sie träumen von der Sonne
si llega uno que tiene enchufe	wenn einer mit Beziehungen kommt...
las playas tienen una extensión enorme	die Strände haben eine enorme Ausdehnung

no te des la vuelta sigue el camino	se habla de la construcción de un nuevo hotel, pero las obras todavía no han empezado
no le hagas caso a Paco no creas lo que dice	
un mapa de España una guía de Madrid	mi amigo conoce al ministro personalmente: tiene enchufe
¿le encontraste por casualidad? no, nos habíamos citado	esta noche he soñado contigo Paco sueña con hacerse rico

La pasta dentífrica

muy señor mío:	sehr geehrter Herr
me permito hacerle constar	ich erlaube mir, Ihnen mitzuteilen
consta	es steht fest
hago constar	ich stelle fest
no se debe echar a nadie la culpa	man darf niemand die Schuld geben
y que no empiecen a decir	man soll nicht anfangen zu reden
si yo era un drogadicto	ob ich ein Drogensüchtiger war
un desilusionado de la vida	ein vom Leben Enttäuschter
nada de eso, señor juez	nichts dergleichen, Herr Richter
yo era un hombre normal, dentro de lo que cabe	ich war ein normaler Mensch, soweit das möglich ist
hacer el bien a los demás	den anderen Gutes tun
perdonaba a mis enemigos	ich verzieh meinen Feinden
como Dios manda	wie Gott befiehlt/wie es sich gehört
¿que por qué me quito la vida?	warum ich mir dann das Leben nehme?
no piense que se trata de celos	denken Sie nicht, daß es um Eifersucht geht
nada parecido/nada por el estilo	nichts dergleichen
a causa del dentífrico	wegen der Zahnpaste
apretar el tubo por el centro	die Tube in der Mitte drücken
la parte de atrás	der hintere Teil
el tubo reventaba ensuciándolo todo	die Tube platzte und verschmierte alles
le decía cariñosamente	ich sagte ihr liebevoll
aprieta por el fondo	drück hinten
y luego se va enrollando	dann rollt man sie/sie sich allmählich auf
la parte más inadecuada	die ungeeignetste Stelle
rechazar un consejo	einen Rat abweisen
a mi juicio	meiner Meinung nach
significaba una infidelidad	das bedeutete eine Untreue
me era infiel a la hora de limpiarse los dientes	sie war mir untreu, wenn es ans Zähneputzen ging
de ahí a engañarme tan sólo había un paso	von da aus war es nur ein kleiner Schritt, mich zu betrügen
decidí cortar por lo sano	ich beschloß, gleich richtig durchzugreifen
echaba de menos las discusiones del tubo	ich vermißte die Diskussionen um die Tube
es sorprendente hasta qué punto se acostumbra uno	es ist erstaunlich, wie sehr man sich (an etwas) gewöhnt

es lo que me permito anunciarle	das ist es, was ich mir erlaube Ihnen anzukündigen

Esquís, en el sexto

(vea los números ordinales – 1°, 2°, etc. – en la página 65)

renuncié a mi puesto	ich verzichtete auf meinen Stand
estoy fastidiada	ich bin kaputt, verärgert
siempre hay corriente	da zieht es immer
estoy vendiendo guantes y paraguas	ich verkaufe Handschuhe und Schirme
ay, señorita, éste tiene un agujero	o je, Fräulein, der hat ein Loch
cortar con una tijera	mit einer Schere (hinein)schneiden
no sé qué hacen con los paraguas	ich weiß nicht, was sie mit den Schirmen machen
me tiran los guantes al suelo	sie werfen mir die Handschuhe auf den Boden
pedir una rebaja	eine Preisermäßigung verlangen
entran para no mojarse	sie kommen herein, um nicht naß zu werden
piden que les envuelva cosas	sie wollen, daß ich ihnen Sachen einpacke
y lo que me preguntan ...	und was die mich fragen ...
para comprar laca	(um) Haarspray (zu kaufen)
una pelota para el niño	einen Ball für das Kind
unos cuentos americanos	amerikanische Erzählungen
navajas	Taschenmesser/Rasiermesser
vendas elásticas	elastische Binden
la próxima función de cine	die nächste Kinovorstellung
lámparas de metal	Metallampen
créditos	Kredite
es difícil contenerse	es ist schwer, sich zu beherrschen
te entran ganas de mandarlos al piso once	du bekommst Lust, sie in den elften Stock zu schicken

fue a causa de la pasta dentífrica fue por la pasta dentífrica	a mi juicio según me parece a mí
¿estaba atrás? no, estaba por delante	no sé hasta qué punto tiene razón hasta cierto punto tiene razón
para ir de excursión, no llevas precisamente los zapatos más adecuados	no rechazará Vd. mi invitación, ¿no? ni mucho menos, la acepto con mucho gusto
¿me envuelve Vd. este libro? el libro estaba envuelto	no me gusta mojarme prefiero llevar el paraguas

Por unas carreteras más seguras

la Asociación Española de la Carretera	etwa: Span. Straßenverkehrsverband
el análisis de las causas muestra	die Analyse der Ursachen zeigt
un 80 por 100 (ochenta por ciento)	80%
se producen por fallo humano	ereignen sich durch menschliches Versagen
mal estado de la misma	schlechter Zustand derselben (der Straße)
se debe a fallos mecánicos	ist auf mechanisches (technisches) Versagen zurückzuführen
la limitación de la velocidad	die Geschwindigkeitsbeschränkung
estudiar a fondo	gründlich studieren/untersuchen
pronunciarse a favor de ...	sich zugunsten von ... aussprechen
cualquiera de las dos posibilidades	(irgend)eine der beiden Möglichkeiten
defienden sus puntos de vista	sie verteidigen/vertreten ihren Standpunkt
con mucha pasión	mit großer Leidenschaft
recogimos dos opiniones	wir haben zwei Meinungen herausgegriffen, (die)
a nuestro juicio extremas	nach unserer Meinung extrem (sind)
se niegan a aceptar la limitación	sie weigern sich, die Beschränkung zu akzeptieren
la velocidad desarrollada por sus coches	die von ihren Autos entwickelte/erreichte Geschwindigkeit
por su parte	ihrerseits
los partidarios de limitar la velocidad	die Befürworter/Anhänger der Geschwindigkeitsbegrenzung
quieren que aumente el tráfico por las autopistas de peaje	sie wollen, daß der Verkehr auf den gebührenpflichtigen Autobahnen zunimmt
la limitación no valdría para ellas	die Begrenzung würde für sie nicht gelten (für die Autobahnen)
los lunes	(immer) montags
los medios informativos	Presse, Rundfunk und Fernsehen
la cuenta trágica	die tragische Rechnung
según indican las informaciones	wie die Informationen zeigen
va aumentando constantemente	steigt ständig

El lenguaje de la persuasión

esto no puede ser	das geht nicht, das darf nicht sein
llevan largos años diciéndonos que ...	da sagen sie uns jahrelang, daß ...
es voluntaria, no obligatoria	sie ist freiwillig, nicht obligatorisch
hacer una recomendación a alguien	jemand etwas empfehlen
en vista de que la multa no da resultado	angesichts der Tatsache, daß die Geldstrafe nichts hilft
se han decidido por la persuasión	haben sie sich für die Überredung entschieden
¡ay si fuera así en todo!	ach, wenn es nur in allem so wäre!
en lugar de	anstatt
vaya a misa más frecuentemente	gehen Sie öfter in die Messe
ande, hombre, cásese por la Iglesia	ach, kommen Sie, Mann, heiraten Sie doch kirchlich
qué más le da	was macht es Ihnen denn aus
no tome la píldora	nehmen Sie nicht die Pille
que saca bigote	denn die läßt den Schnurrbart wachsen
ese debería ser el lenguaje de la administración	das sollte die Sprache der Verwaltung sein
las clásicas expresiones secas	die klassischen/gewohnten trockenen Ausdrücke
emplear el lenguaje de la prohibición	die Sprache des Verbots verwenden
desde hace siglos es el (lenguaje) corriente	sie ist seit Jahrhunderten die übliche (Sprache)
la Tabacalera	staatl. Tabakmonopol
muestra una mentalidad avanzada	zeigt eine fortschrittliche Denkweise
fume menos, sabe mejor	rauchen Sie weniger, es schmeckt besser

camarero, la cuenta, por favor

la industria se ha desarrollado

yo no soy de tu opinión
cada uno tiene su punto de vista
entre los jóvenes no es corriente pensar como piensas tú

le ofrecieron dos puestos, uno en Madrid, el otro en Barcelona
se decidió por el de Barcelona

hay obras en esa carretera
se hallaba en mal estado

¿hablaste con el director?
se negó a hablar conmigo

no sé a qué sabe esta sopa
de todas formas, no me gusta

Madrid tiene un clima seco
Galicia tiene un clima húmedo

Preguntando por el camino

¿la oficina de turismo?	(wo ist bitte) das Verkehrsamt?
está en el ayuntamiento	es ist im Rathaus
en la Calle Mayor	in der Hauptstraße
la calle que hace esquina a la derecha	die Seitenstraße rechts
donde hay una torre	wo ein Turm steht
esa no es, la otra	die ist es nicht, sondern die nächste
la atraviesa Vd.	Sie überqueren sie
al doblar la esquina a la izquierda	wenn Sie links um die Ecke biegen
la catedral es maravillosa	die Kathedrale ist wunderbar
y el puento romano	und die römische Brücke
no dejen de ver el castillo	lassen Sie sich das Schloß nicht entgehen
el exterior	das Äußere
tienen conservada la cárcel del siglo XIII	dort ist das Gefängnis aus dem 13. Jahrhundert erhalten
es muy antiguo el castillo	das Schloß/die Burg ist sehr alt

De prisa

faltan 15 minutos para la salida	es sind noch 15 Minuten bis zur Abfahrt
pasar por la consigna	an der Gepäckaufbewahrung vorbeigehen
la recojo yo	ich hole ihn (den Koffer) ab
vosotros pasáis al andén	ihr geht zum Bahnsteig
la vía en que llegamos	das Gleis, auf dem wir ankamen
llama un mozo	ruf einen Gepäckträger
lo más rápidamente posible	so schnell wie möglich

siga Vd. esta calle
atraviese Vd. esta calle
doble la esquina a la derecha
pregunte otra vez por allí

vamos a dejar la maleta en la consigna
la recogemos después

no deje Vd. de llamarme
no deje Vd. de escribirme

¿a qué hora sale el tren?
a menos veinte
son las tres y media, faltan diez minutos para la salida

¿es pesada la maleta? – no es precisamente muy ligera, pero no importa

El guía

por toda la península	durch die ganze (Iberische) Halbinsel
de región en región	von Region zu Region
sin dificultades en la aduana	ohne Schwierigkeiten beim Zoll
los viajeros están preparados	die Reisenden sind fertig
un hotel de confort moderno	ein Hotel mit modernem Komfort
sillones en el vestíbulo	Sessel in der Halle
en las paredes hay cuadros	an den Wänden hängen Bilder
un cuadro representa el Teide	ein Bild stellt den Teide dar (Berg auf Gran Canaria)
Canarias es la única provincia no incluida	die Kanarischen Inseln sind die einzige nicht eingeschlossene Provinz
en un rincón	in einer Ecke
paquetes atados con cuerdas	mit Stricken verschnürte Pakete
sin valor artístico	ohne künstlerischen Wert
Pascuas en España	Ostern in Spanien
conocer gratuitamente el país	kostenlos das Land kennenlernen
de norte a sur	von Nord nach Süd
de este a oeste	von Ost nach West
y ahorrar encima unas cuantas pesetas	und obendrein noch einige Peseten sparen
un viaje independiente	eine unabhängige Reise
he sido el guía	ich bin der Reiseführer gewesen
no responsable de la organización	nicht verantwortlich für die Organisation
está escribiendo tarjetas	sie schreibt Postkarten
cada uno tiene su círculo	jeder hat seinen (Freundes-)Kreis
uno ha estado en España	man war in Spanien
las procesiones de Semana Santa	die Prozessionen der Osterwoche
una bodega de Jerez	einen Weinkeller in Jerez
¿qué indica el silencio?	was bedeutet das Schweigen?
cuando me den las propinas	wenn sie mir die Trinkgelder geben
la exposición que visitamos	die Ausstellung, die wir besuchten
el ex coronel del ejército	der ehemalige Oberst des Heeres
resultó muy simpático	er war/wurde sehr nett
un hombre de mucha cultura	ein sehr gebildeter Mann
la carabela «Santa María»	Nachbildung der Karavelle des Kolumbus
los barcos que había	die Schiffe, die es gab
¡qué contraste con los buques modernos!	welcher Gegensatz zu den modernen Schiffen!

la civilización europea	die europäische Kultur
me he pesado	ich habe mich gewogen
me siento bien con menos peso	ich fühle mich wohl mit weniger Gewicht
estar a disposición de todos	allen zur Verfügung stehen
tenía un importante cargo	er hatte eine bedeutende Stellung
en no sé qué ministerio	in was weiß ich für einem Ministerium
le llevé al consulado general	ich brachte ihn zum Generalkonsulat
quiso comprar una mantilla	sie wollte eine Mantilla kaufen
qué tamaño	welche Größe
hacer una excursión a caballo	einen Ausritt machen
me hice cargo de organizarla	ich übernahm es, ihn zu organisieren
al atravesar un arroyo	beim Durchqueren eines Bachbetts
por suerte no pasó nada grave	zum Glück passierte nichts Ernstes

la frontera – la aduana no tengo nada que declarar	es un hombre de mucha cultura: ha viajado mucho y ha leído muchos libros
estoy a su entera disposición mi coche está a su disposición	en este precio está todo incluido
en la esquina hay un restaurante he reservado la mesa que está en el rincón	¡silencio! no hagáis tanto ruido

Lección 14

Domingo en los alrededores de Madrid

tiene una preocupación constante	hat eine ständige Sorge
la capital de España	die Hauptstadt Spaniens
una ciudad limpia	eine saubere Stadt
han puesto papeleras	man hat Papierkörbe aufgestellt
tienen personal especializado	man hat spezialisiertes Personal
para el cuidado de parques	für die Parkpflege
los madrileños no colaboran	die Madrider arbeiten/helfen nicht mit
no apoyan las buenas intenciones	sie unterstützen die guten Absichten nicht
ofrecen un aspecto triste	sie bieten einen traurigen Anblick
latas de conserva	Konservenbüchsen
cáscaras de naranja	Orangenschalen
botellas vacías o rotas	leere oder zerbrochene Flaschen

tirar piedras destrozando lo que se pone a su alcance	Steine werfen und alles kaputtmachen, was sie erreichen können
una casita	ein Häuschen
el Valle de los Caídos	Tal der Gefallenen, Kirche und Denkmal (des Regimes) für die Gefallenen des Bürgerkriegs
se pasa la semana pensando en los domingueros	er denkt die ganze Woche an die Sonntagsausflügler
le roban los melones maduros	sie stehlen ihm die reifen Melonen
y eso no sólo de noche	und das nicht nur bei Nacht
los ingleses van al campo	die Engländer fahren aufs Land
con el fin de recoger los desperdicios	um die Reste/Abfälle einzusammeln
y echarlos por último a la basura	und sie zuletzt zum Müll zu werfen
de una manera u otra	irgendwie, so oder so
habría que educar a esas personas	man müßte die Leute erziehen
cuyo comportamiento vulgar es una vergüenza	deren ordinäres Benehmen eine Schande ist
llegar a la conclusión contraria	zum gegenteiligen Schluß kommen

la gente no apoya al ayuntamiento no te apoyes en la mesa	¡qué mal educados son esos chicos! ¡qué comportamiento más vulgar!
¡cuidado, que viene un coche! hay que tener mucho cuidado	de noche – de día – por la mañana a las nueve de la mañana
tus zapatos están sucios me pongo otros, que están limpios	sucio – limpio ensuciar – limpiar
Antonia es una chica muy alegre no sé por qué hoy está triste	

Lección 15

¿Tiene Vd. fiebre?

buenas tardes, doctor	guten Tag, Herr Doktor
¿qué puedo hacer por Vd.?	was kann ich für Sie tun?
he tenido dolores de garganta	ich habe Halsschmerzen gehabt
un somnífero para dormirme	ein Schlafmittel, um einzuschlafen
¿tuvo fiebre?	hatten Sie Fieber?
tenía la temperatura normal	ich hatte normale Temperatur
saque la lengua	strecken Sie die Zunge heraus

¿ha tenido alguna enfermedad?	hatten Sie eine Krankheit?
¿una gripe?	Grippe?
un resfriado, más bien	eher eine Erkältung
algo muy raro en la piel	etwas Merkwürdiges an der Haut
en las piernas, en la cara	an den Beinen, im Gesicht
no tiene nada que ver con lo otro	das hat mit dem anderen nichts zu tun
parece que fue una alergia	es war anscheinend eine Allergie
va pronto a dar a luz	sie bekommt bald ein Kind
ah, ahora caigo	ah, jetzt begreife ich
su hija se le parece mucho	Ihre Tochter sieht Ihnen sehr ähnlich
tome una pastilla	nehmen Sie ein Dragee
cada tres horas	alle drei Stunden
si tiene dolores agudos	wenn Sie starke Schmerzen haben
se curará Vd. en dos días	in zwei Tagen werden Sie gesund
déle saludos a su hija	grüßen Sie Ihre Tochter
de su parte	danke, ich werde es ausrichten

Cuestión de caracteres

me ha quemado el sol	die Sonne hat mich verbrannt
no subimos a ningún monte	wir stiegen auf keinen Berg
anduvimos	wir gingen (zu Fuß)
un valle que está bastante aparte	ein Tal, das ziemlich abseits liegt
somos una docena de amigos	wir sind ein Dutzend Freunde
nos citamos una vez al mes	wir verabreden uns einmal im Monat
sin fijar la ruta	ohne die Route festzulegen
en parte	zum Teil
el grupo se compone de compañeros de trabajo	die Gruppe setzt sich aus Arbeitskollegen zusammen
son miembros del mismo club deportivo	sie sind Mitglieder im gleichen Sportclub
no es para tanto	das ist gar nicht so schlimm
regulan bien el tráfico	der Verkehr wird gut geregelt
es para desesperarse	es ist zum Verzweifeln
es hora de ponerse a trabajar	es ist Zeit, mit der Arbeit anzufangen
¡a trabajar!	an die Arbeit!
¿me permite que le haga una pregunta?	darf ich Sie etwas fragen?
¿cómo se las arregla Vd. para ...?	wie bringen Sie es fertig ...?
tiene el despacho siempre en orden	Sie haben Ihr Büro immer in Ordnung
el mío está desordenado	meines ist unordentlich
será mi carácter	das wird mein Charakter sein
no es cuestión de caracteres	das ist keine Frage der Charaktere
cada uno tiene su sistema de trabajar	jeder hat sein System zu arbeiten

la navaja corta bien
es muy aguda

me dormí viendo la televisión
dormí por lo menos una hora

¿su marido está solo en casa?
sí, pero él se las arregla para no morirse de hambre

¿tienes una cita?
sí, nos hemos citado a las dos

el sol quema
estoy quemado

tenemos un buen médico
me curó en pocos días

Pili parece muy tímida
Pili se parece a su madre

son dos cosas distintas
la una no tiene nada que ver con la otra

ay, ¡cuánto trabaja Vd.!
no es para tanto

hay una carta para Vd.
¿qué puedo hacer por Vd.?

el cuerpo – la cabeza – la cara – la boca – la garganta – la muela los brazos – las manos – los dedos – las piernas – los pies – el corazón – el estómago – ¿qué le duele? – ¿está Vd. herido? – le pongo una venda

Lección 16

Buscando trabajo

vengo a presentarme	ich komme, um mich vorzustellen
le agradezco que haya venido	ich danke Ihnen, daß Sie gekommen sind
¿nos envió sus certificados?	haben Sie uns Ihre Zeugnisse geschickt?
los mandé por correo certificado	ich habe sie eingeschrieben geschickt
buscamos una secretaria	wir suchen eine Sekretärin
que lleve la correspondencia	die den Schriftverkehr führt
y traduzca del francés al español	und vom Französischen ins Spanische übersetzt (übersetzen soll)
¿tendría inconveniente en traducir una carta?	hätten Sie etwas dagegen, einen Brief zu übersetzen?
no tengo la práctica que tenía	ich bin nicht so drin wie früher
redujeron el personal	das Personal wurde reduziert
un comercio que tiene una tía mía	ein Geschäft, das eine Tante von mir hat
estudio inglés por mi cuenta	ich lerne für mich (selbständig) Englisch
hacer una pregunta	eine Frage stellen

la traduje sin diccionario	ich übersetzte ihn ohne Lexikon
un despacho no muy amplio, pero bien amueblado	ein nicht sehr großes, aber gut eingerichtetes/möbliertes Büro
al comienzo	am Anfang
más un suplemento	und dazu einen Aufschlag
más de lo que he tenido	mehr als ich gehabt habe
te sobrará dinero	da wird dir Geld übrigbleiben
no es para tanto	so toll ist es auch wieder nicht
parece una cosa sólida	es scheint eine solide Sache zu sein
chocolate con churros	dicke Trinkschokolade mit Churros (Ölkringel)
un par de buenas tapas	ein paar gute «tapas» (Kleinigkeiten wie z. B. Oliven)
¿desde cuándo meriendas cerveza con tapas?	seit wann vesperst du Bier mit «tapas»?

De la prensa

Noticias deportivas

ganó la carrera de turismos	er gewann das Personenwagenrennen
condujo el mismo coche	er steuerte denselben Wagen
con el cual venció en varias carreras	mit dem er bei einigen Rennen gesiegt hatte
ocupando el segundo lugar	und belegte den zweiten Platz

Capítulo de sucesos

capítulo de sucesos	aus dem Polizeibericht
se hirió limpiando una pistola	er verletzte sich beim Reinigen einer Pistole
el lago de Sanabria	der See von Sanabria

el hotel tiene un vestíbulo amplio
pero las habitaciones son pequeñas

¿me hace el favor de esperar?
¿tendría inconveniente en esperar?

a ti te sobra dinero, ¿verdad?
¡qué va! me hace falta ganar más

una carta urgente
una carta certificada

¿trabajas en un comercio?
no, trabajo por mi cuenta

El trabajo de la mujer

el instituto de la opinión pública	Meinungsforschungsinstitut
da a conocer	veröffentlicht
en sus informaciones más recientes	in seinen jüngsten Mitteilungen
expectativas profesionales	Berufserwartungen
entre otras cosas	unter anderem
la consideración actual del trabajo de la mujer	die augenblickliche Meinung über die Arbeit der Frau
los muchachos encuestados	die befragten jungen Männer
deben tener las mismas oportunidades profesionales	sie sollen die gleichen Berufschancen haben
los más opuestos a la competencia femenina	die stärksten Gegner der weiblichen Konkurrenz
profesiones industriales	Industrieberufe
ayudantes técnicos sanitarios	medizinisch-technische Assistenten
el porvenir se presenta desigual	die (berufliche) Zukunft ist unterschiedlich (für Männer und Frauen)
en cuanto a sus razones	bezüglich ihrer Gründe
la falta de justicia	der Mangel an Gerechtigkeit/die Ungerechtigkeit
añade	sie fügt hinzu
se la considera menos capacitada	man hält sie für weniger befähigt
muestran una actitud abierta	sie zeigen eine offene Haltung/Einstellung
respecto al trabajo femenino	bezüglich der Frauenarbeit
«mujercita de su casa»	«Hausmütterchen»
cocinar, cuidar de los niños	kochen, für die Kinder sorgen
sería injusto	es wäre ungerecht
no concederles iguales oportunidades	ihnen nicht gleiche Chancen zuzugestehen

Mujeres en Andalucía

según un trabajo	nach (dem Text) einer Arbeit,
escrito por una especialista andaluza	die eine andalusische Spezialistin geschrieben hat
las mujeres mayores de 25 años	die Frauen über 25
empleadas de hogar	Hausangestellte
camareras de hotel	Zimmermädchen
desde que se casaron	seitdem sie geheiratet hatten
sus maridos están en el Mercado Común	ihre Männer sind in den Ländern des Gemeinsamen Marktes

una vez al año como máximo	höchstens einmal im Jahr
admiten que no les echan de menos	sie geben zu, daß sie sie nicht vermissen
por cada pieza terminada, 100 ptas.	für jedes fertige Stück 100 Peseten
quizá no nos guste esta imagen	vielleicht gefällt uns dieses Bild nicht
quizás prefiramos olvidarla	vielleicht vergessen wir es lieber

un libro publicado recientemente
un libro recién publicado

las mujeres mayores de 25 años
las chicas menores de 18 años

¿cuánto ganas? ¿20.000 al mes?
tienes que añadir lo que te pagan en Navidad y el 18 de julio

los jóvenes se muestran muy abiertos
muestran una actitud abierta

las mujeres nos hacen la competencia
trabajan tan bien como nosotros
pero ¿tienen las mismas oportunidades?

en cuanto al trabajo de la mujer, yo diría que ...
respecto al trabajo de la mujer, yo diría que ...

Lección 18

La cola de los contribuyentes

están lejos los tiempos de ...	die Zeiten liegen weit zurück
el hacer cola es un arte del español	Schlangestehen ist eine Kunst des Spaniers
se lo pasa bien	er fühlt sich wohl
se toma con calma la cola	er nimmt die Schlange mit Gelassenheit hin
hay gran variedad de colas	es gibt viele verschiedene Schlangen
las colas de los contribuyentes	die Schlangen der Steuerzahler
hay quien dice	es gibt Leute, die sagen
pagar impuestos	Steuern zahlen
dan números de un día para otro	sie geben von einem Tag zum andern Nummern aus
hacen grandes anuncios	sie machen große Anzeigen/Reklame
la Hacienda dice que es suyo	das Finanzamt sagt, das gehört ihm
de pie, durante horas enteras	stehend, stundenlang
en un pasillo de Hacienda	in einem Korridor des Finanzamts
nadie empuja a nadie	keiner stößt/drängt den anderen

soy uno de los pocos paseantes	ich bin einer der wenigen Spaziergänger
un hombre desocupado y curioso	ein untätiger, neugieriger Mann
ponerse a bien con el Estado	sich mit dem Staat gut stellen
a lo mejor haces una amistad	vielleicht freundet man sich mit jemand an
o «ligas» una viuda	oder man «bandelt» mit einer Witwe «an»
una cola para donar sangre	eine Schlange zum Blutspenden
¿no se confunde Vd. nunca?	täuschen Sie sich nie?
los grandes terratenientes	die Großgrundbesitzer
los banqueros, los toreros de cartel	die Bankiers, die berühmten Toreros
la cartera llena de billetes	die dicke Brieftasche
declarar de verdad	wirklich bei der Steuer seine Einkünfte angeben
reforma fiscal	Steuerreform
ni sombra	keine Spur
lo que descubrí no eran más que ...	ich entdeckte nur ...
periódicos deportivos	Sportzeitungen
hombres comiendo bocadillos	Männer, die belegte Brote aßen
gente de edad	alte Leute
sacar una muela	einen (Backen-)Zahn ziehen
o sea, mayoría silenciosa	mit anderen Worten, schweigende Mehrheit
la cosa me pareció misteriosa	die Sache kam mir seltsam vor
¿no tienen conciencia fiscal?	haben die kein Steuergewissen?
¿será que en este país sólo cumple el pueblo?	ist es vielleicht so, daß hierzulande nur das einfache Volk seine Pflicht erfüllt?
ignoran dónde está Hacienda	sie wissen nicht, wo das Finanzamt ist
una cola para los que importan (o exportan)	eine Schlange für die, die etwas bedeuten/importieren (oder exportieren)
para los que pintan	für die, die etwas gelten
a ver si doy con esa cola	ob ich diese Schlange finde?
quiero localizar esa cola	ich will diese Schlange ausfindig machen
la duquesa de Alba	die Herzogin von Alba

¿está lejos? no, está cerca	Juan decidió pagar impuestos se decidió a pagar impuestos
la puerta no se abre debes empujar, no tirar	¿te has equivocado? sí, me he confundido

ignoran dónde está no saben dónde está desconocen el lugar	a ver si encuentro la cola a ver si doy con ella
hay gran variedad de hoteles hay hoteles de diferentes tipos, de diferentes categorías, etc.	

Lección 19

España, una medalla de oro

un diario suizo	eine Schweizer Tageszeitung
Europa occidental	Westeuropa
compara a los países en aspectos económicos, políticos ...	sie vergleicht die Länder unter wirtschaftlichen, politischen Gesichtspunkten
medallas de oro, de plata y de bronce	Gold-, Silber- und Bronzemedaillen
Suecia, Noruega, Alemania	Schweden, Norwegen, Deutschland
un honroso noveno lugar	ein ehrenvoller neunter Platz
los puntos de comparación	die Vergleichspunkte
una sociedad de crecimiento	eine Wachstumsgesellschaft
por delante de Alemania	vor Deutschland
el país donde más aumenta el producto nacional bruto	das Land, in dem das Bruttosozialprodukt am stärksten zunimmt
un aceptable puesto en la clasificación	ein annehmbarer Platz in der Rangliste
el porcentaje del salario bruto	der Prozentsatz des Bruttolohns
en caso de paro	im Falle der Arbeitslosigkeit
tiene malas marcas	es hat schlechte Punkte/Noten
aspectos relacionados con el papel de los sindicatos	Aspekte, die mit der Rolle der Gewerkschaften zu tun haben
su independencia del Gobierno	ihre Unabhängigkeit von der Regierung
la industria metalúrgica	die Metallindustrie
es difícil	es ist schwer/kaum möglich
trabajar a tiempo parcial	Teilzeit arbeiten
obtener permiso de tres años	drei Jahre Beurlaubung bekommen
cosa posible en Dinamarca	was in Dänemark möglich ist
una sociedad que garantiza la salud	eine Gesellschaft, die die Gesundheit garantiert
es bajo el número de suicidios	die Zahl der Selbstmorde ist niedrig
un puesto respetable	ein achtbarer Platz

respetar la Naturaleza	die Natur achten
en ningún lugar se ha pasado de las buenas intenciones	man ist nirgends über gute Absichten hinausgekommen
cero puntos por la censura de libros	null Punkte wegen der Zensur von Büchern
el divorcio está prohibido	Scheidung ist verboten
debido a la influencia de la Iglesia	infolge des Einflusses der Kirche
una auténtica democracia	eine echte Demokratie
según el criterio democrático que predomina	nach der vorherrschenden Vorstellung von Demokratie
tres redondos ceros	drei runde/glatte Nullen
justicia del sistema electoral	Gerechtigkeit des Wahlsystems
protección de las libertades individuales	Schutz der persönlichen Freiheiten
en conclusión	abschließend
califica a España de nación desarrollada económicamente	bezeichnet Spanien als wirtschaftlich entwickeltes Land
un justo reparto de la riqueza	eine gerechte Verteilung des Reichtums

WORTSCHATZREGISTER

Die Zahlen verweisen auf die Lektion, in der das Wort zum erstenmal vorkommt.

SCHLÜSSEL

Lektion 1

1.
Yo también ... **a.** se lo hubiera permitido **b.** se lo hubiera comprado **c.** se los hubiera dado **d.** se lo hubiera prometido **e.** se lo hubiera preguntado **f.** se lo hubiera dicho.

2.
Sí, ... **a.** dígamelo **b.** tráigamelo **c.** explíquemelo **d.** pregúntemelo **e.** dígamelo **f.** preséntemelo.

3.
No, ... **a.** dígaselo Vd. **b.** explíqueselo Vd. **c.** pregúnteselo Vd. **d.** dígaselo Vd. **e.** pregúnteselo Vd. **f.** déselas Vd.

4.
a. buenísimo **b.** interesantísimas **c.** dificilísimo **d.** divertidísimo **e.** delgadísima **f.** dificilísimos.

5.
a. fue **b.** vino **c.** hizo **d.** sirvieron **e.** traído **f.** pude **g.** fue.

Lektion 2

1.
Entonces ... **a.** vete (a la cocina) **b.** ten cuidado con ellos **c.** vete con ella **d.** ven inmediatamente **e.** vuelve pronto **f.** póntelo.

2.
Entonces ... **a.** no fumes **b.** no salgas **c.** no te las pongas **d.** no te los pongas **e.** no vengas tarde **f.** no la hagas.

3.
... ¿por qué no? **a.** dímelo **b.** ponlas allí **c.** escríbele **d.** sal con ella **e.** cómpratelo **f.** quédate.

4.
Bueno, ... **a.** dilo como quieras **b.** sal con quien quieras **c.** déjalo donde quieras **d.** vete adonde quieras **e.** póntelo como quieras **f.** di lo que quieras.

5.
a. busque **b.** explíquele **c.** indíquele **d.** le comuniquemos **e.** llegue **f.** saque **g.** se la pague.

6.
a. que hable un poco más alto **b.** que diga la frase otra vez **c.** que haga como si no le viera a Pepe **d.** que se ponga el sombrero **e.** que salga por la otra puerta **f.** que cierre la ventana **g.** que ponga la mano delante de los ojos **h.** que vaya (!) hacia la cámara **i.** que se mueva un poco más.

7.
a. que traigan el otro coche **b.** que pongan la maleta en el coche **c.** que salgan de la habitación **d.** que abran las ventanas **e.** que miren si todo está preparado **f.** que vayan a buscar a María Clara **g.** que le digan que van a empezar **h.** que le pregunten si sabe el texto **i.** que cierren la puerta.

Lektion 3

1.
a. que mi madre no insista más **b.** que se mantenga la paz familiar **c.** que vaya a comer con ellos una vez a la semana **d.** en que Andrés no salga todas las noches **e.** que no haya problemas entre los dos **f.** que los dos se entiendan bien.

2.
a. de que su mujer vaya a la montaña en julio **b.** que no pueda ir con ellos **c.** que ni siquiera pueda ir a principios de agosto **d.** que el hotel no sea más caro que el año pasado **e.** que otras cosas sean más caras **f.** que en la ciudad haga mucho calor **g.** que su suegra quiera traerle la comida cada día **h.** que su suegra le controle **i.** que (ahora) se marche.

3.
Yo creo que ... **a.** querrá hablar conmigo **b.** valdrá la pena (llamarle) **c.** me lo hará **d.** me saldrá bien **e.** podrá ayudarme/me podrá ayudar **f.** me la dirá.

4.
..., ya se lo diré. **a.** cuando llegue **b.** cuando pueda pagárselo **c.** cuando vaya **d.** cuando vuelva **e.** cuando me vaya **f.** cuando me case.

5.
Bueno, ... si no quieres. **a.** no me lo digas **b.** no las pongas allí **c.** no se lo regales **d.** no se lo pidas **e.** no salgas con ella **f.** no te los compres.

6.
a. son las cinco y cinco **b.** son las diez y cuarto **c.** son las cinco menos veinticinco **d.** son las seis menos diez **e.** es la una menos veinte.

8.
No dejaré de ....mientras viva. **a.** beber **b.** comer **c.** ir al bar **d.** No dejarán de gustarme mientras viva. **e.** No dejarán de pedirme dinero mientras viva. **f.** No dejarán de gustarme mientras viva.

Lektion 4

1.
No, ... **a.** ya los conocía antes **b.** ya lo sabía antes **c.** ya la había recibido antes **d.** ya le conocía antes **e.** ya lo tenía antes

2.
a. llegue **b.** venga **c.** viniera/viniese **d.** tenga **e.** conociera/conociese **f.** tenga **g.** pueda **h.** necesite **i.** fume

3.
a. trabajaba **b.** tenía, estaba **c.** necesitaba **d.** era **e.** conoció **f.** se llamaba **g.** era, tenía **h.** se hicieron **i.** parecía **j.** ofreció **k.** se trataba **l.** explicó **m.** dijo **n.** tenía **o.** sabía **p.** se llamaba **q.** quedaban **r.** terminaron **s.** fueron detenidos **t.** se dieron **u.** tenía/había tenido.

4.
Lástima que ... **a.** se quedara en casa **b.** no lo supiera **c.** no le hubieran informado **d.** no viniera **e.** se aburriera en casa **f.** estuviera sola **g.** no la hubiéramos invitado.

5.
¿Y por qué quieres ...? **a.** que nos fijemos en lo que dice **b.** que nos lavemos las manos **c.** que nos quedemos **d.** que nos despidamos **e.** que nos compremos ese coche **f.** que nos escondamos.

6.
a. fue **b.** dejaba **c.** identificaron **d.** fueron **e.** fue **f.** descubriéndose **g.** era **h.** tuvo **i.** había tenido **j.** intentaba.

Test 1

a. 2 – **b.** 2 – **c.** 2/3 – **d.** 3 – **e.** 3 – **f.** 2 – **g.** 2 – **h.** 3 – **i.** 2 – **j.** 2 – **k.** 2 – **l.** 2 **m.** 2 – **n.** 1 – **o.** 3

Lektion 5

1.
Me haría Vd. un gran favor ... **a.** si no fumara **b.** si no la pusiera **c.** si no se los llevara **d.** si no saliera con ella **e.** si no se casara con ella **f.** si no me lo pidiera.

2.
¡ ..., hijo, no faltaba más! **a.** fuma **b.** ponla **c.** llévatelos **d.** sal con ella **e.** cásate con ella **f.** pídemelo.

3.
a. Saldré aunque me lo prohiba. **b.** Me iré aunque no quiera. **c.** Trabajaré en París aunque no quiera. **d.** Viviré sola aunque no me lo permita. **e.** Lo haré con Juan aunque no me lo permita (mi padre). **f.** Me casaré con él aunque no quiera (mi padre).

4.
a. Saldría aunque me lo prohibiera. **b.** Me iría aunque me lo prohibiera. **c.** Trabajaría en París aunque me lo prohibiera. **d.** Viviría sola aunque no me lo permitiera. **e.** Lo haría con Juan aunque (mi padre) no me lo permitiera. **f.** Me casaría con él aunque (mi padre) no me lo permitiera.

5.
a. estés **b.** aprendiera/aprendiese **c.** haya estudiado **d.** pusieras/pusieses **e.** pudiera/pudiese **f.** se vaya **g.** estemos **h.** pueda **i.** tienes/tuvieras **j.** quieres

6.
a. 2 – **b.** 2 – **c.** 3 – **d.** 2

Lektion 6

1.
¡Cuántas veces le he advertido ...! **a.** que no fume tanto **b.** que no beba tanto **c.** que no duerma tan poco (que duerma más) **d.** que vaya al médico **e.** que se tome unas vacaciones **f.** que haga deporte.

2.
Sí, es posible ... **a.** que lo sepa él **b.** que los conozca Paco **c.** que lo sepa ella **d.** que la haya escrito ella **e.** que lo tenga Ana María **f.** que esté durmiendo **g.** que siga estando allí **h.** que consiga hablar con ella **i.** que vaya yo.

3.
Es lo que buscamos: ... **a.** un piso que esté cerca de la estación **b.** una inglesa que dé clases de conversación **c.** un coleccionista que compre sellos **d.** un mecánico que repare coches **e.** una secretaria que sepa idiomas **f.** una chica alemana que busque trabajo de cualquier tipo.

4.
Y nosotros necesitábamos una chica ... **a.** que supiera idiomas **b.** que tuviera práctica profesional **c.** que fuera guapa e inteligente **d.** que estuviera dispuesta a hacer horas extra **e.** que pudiera empezar enseguida **f.** que trabajara por 12.000 pesetas al mes.

5.
Yo espero hasta que ... **a.** las escriba **b.** venga **c.** la consiga **d.** se despida **e.** se sirva **f.** llegue.

6.
a. faltaba **b.** llevaba **c.** estaba **d.** decidí **e.** busqué **f.** estaba **g.** pude **h.** tomé **i.** me sentí **j.** subí **k.** seguí **l.** llegué **m.** se encendían

Lektion 7

1.
a. se refirió **b.** preferiría **c.** se divirtieron **d.** convirtiendo **e.** advierta, advierto **f.** sintieron.

2.
a. hirió **b.** se muriera **c.** murió **d.** consiguieron **e.** sirven **f.** pidiendo **g.** consigan.

3.
a. ¿No se los he devuelto? **b.** ¿No las he abierto? **c.** ¿No la he propuesto? **d.** ¿No lo he puesto? **e.** ¿No las he visto? **f.** ¿No lo he hecho?

4.
No me diga que ... **a.** no se los he devuelto etc. (ver ejercicio 3).

5.
Creía ... **a.** que se los había devuelto **b.** que las había abierto **c.** que la había propuesto **d.** que lo había puesto **e.** que las había visto **f.** que lo había hecho.

Lektion 8

1.
No creo ... **a.** que quepan **b.** que me lo envíen a casa **c.** que valga la pena **d.** que suba mucho **e.** que cambie/vaya a cambiar **f.** que continúe/que vaya a continuar.

2.
Pero Mary, si .... soy el hombre más feliz del mundo. **a.** estudiando contigo **b.** discutiendo contigo **c.** haciéndote fotos (a ti) **d.** escuchándote (a ti) **e.** mirándote (a ti) **f.** esperándote (a ti).

3.
a. por, a, de **b.** en **c.** de **d.** x **e.** de, por **f.** de **g.** a **h.** en **i.** x **j.** de **k.** x **l.** de **m.** a **n.** de **o.** en **p.** de **q.** x **r.** de **s.** de **t.** x **u.** x **v.** con **w.** al **x.** en **y.** a

Test 2

a. 2 – **b.** 1 – **c.** 2 – **d.** 1 – **e.** 1 – **f.** 3 – **g.** 1 – **h.** 2 – **i.** 3 – **j.** 2 – **k.** 1/3 – **l.** 2 – **m.** 2 – **n.** 1 – **o.** 2 – **p.** 12 – **q.** 10 – **r.** 9 – **s.** 2 – **t.** 4 – **u.** 8

Lektion 9

1.
a. fue ayer **b.** vinieron ayer **c.** se fue ayer **d.** los cumplió ayer **e.** la recibí ayer **f.** me lo trajeron ayer.

2.
a. ¿Que todo esté cambiando? No, no me sorprende. **b.** ¿Que sigan construyendo hoteles? No, no me parece extraño. **c.** ¿Que los extranjeros pidan facilidades? No, no me parece extraño. **d.** ¿Que tengan nuevos proyectos? No, no me preocupa. **e.** ¿Que quieran construir un hotel enfrente? No, no me preocupa. **f.** ¿Que pongan garajes al lado de mi casa? No, no lo permitiré.

3.
a. 1 – **b.** 1 – **c.** 3 – **d.** 1 – **e.** 1 – **f.** 3 – **g.** 1 – **h.** 2

Lektion 10

1.
. . . , antes tengo que hablar con Vd. **a.** no se lo compre **b.** no la alquile **c.** no hable con él **d.** no los envuelva **e.** no las recoja **f.** no se despida.

2.
Me parece muy bien, . . . **a.** cómpreselo **b.** alquílela **c.** hable con él **d.** envuélvalos **e.** recójalas **f.** despídase.

3.
a. Ya las hubiera abierto, pero . . . **b.** Ya le hubiera visto, pero . . . **c.** Ya lo hubiera puesto, pero . . . **d.** Ya las hubiera hecho, pero . . . **e.** Ya se lo hubiera dicho, pero . . . **f.** Ya los hubiera roto, pero . . . **g.** Ya le hubiera escrito, pero . . . **h.** Ya los hubiera cubierto, pero . . .

Lektion 11

1.
a. cualquiera **b.** cualquier **c.** cualquiera **d.** cualquier **e.** cualquier.

2.
Sí, y sigue . . . **a.** cambiando **b.** aumentando **c.** trabajando **d.** ahorrando **e.** bajando **f.** subiendo **g.** mejorando.

3.
Sí, va . . . cada vez más. **a.** cambiando **b.** aumentando **c.** trabajando **d.** ahorrando **e.** bajando **f.** subiendo **g.** mejorando.

4.
a. 2 – **b.** 1 – **c.** 1 – **d.** 2

Lektion 12

1.
Dime lo que has . . . **a.** visto **b.** comprado **c.** traído. Dime lo que te ha . . . **d.** propuesto **e.** ofrecido **f.** Dime lo que has descubierto.

2.
a. 2 – **b.** 3 – **c.** 1 – **d.** 2 – **e.** 1

Test 3

a. 2 – **b.** 3 – **c.** 2 – **d.** 2 – **e.** 1/2 – **f.** 3 – **g.** 1 – **h.** 3 – **i.** 2 – **j.** 2 – **k.** 2 – **l.** 1 – **m.** 3 – **n.** 1/2

Lektion 13

1.
a. están **b.** está **c.** es **d.** estado **e.** son **f.** sido **g.** es **h.** soy **i.** son **j.** es **k.** estamos/estaremos **l.** están **m.** estaba **n.** estoy **o.** son **p.** es **q.** es **r.** fuera/fuese **s.** son **t.** ser **u.** es **v.** son.

2.
– ¿Cuánto cuestan esos vasos? – ¿Cuáles? Ah, éstos ... – No, no son ésos ... Aquéllos que están detrás. – ¿Estos (éstos)? – Sí, ésos. ¿Cuánto valen?

3.
a. vengan **b.** llamen **c.** llamen **d.** vengan **e.** vendrán/vienen **f.** conociera/conociese **g.** conozca **h.** está.

4.
a. 2 – **b.** 2 – **c.** 2 – **d.** 3

Lektion 14

1.
a. Se lo diría con mucho gusto, pero no puedo. **b.** Se lo haría con mucho gusto, pero no puedo. **c.** Se lo pondría con mucho gusto, pero no puedo. **d.** Saldría con Vds. con mucho gusto, pero no puedo. **e.** Se lo daría con mucho gusto, pero no puedo. **f.** Se lo propondría con mucho gusto, pero no puedo.

2.
a. sino **b.** sino que **c.** sino que **d.** sino que **e.** si no.

3.
a. tiene, tenía **b.** llamaría, llame, llamara **c.** va **d.** aceptaría **e.** acepte **f.** aceptará/acepta **g.** prefiere/preferirá.

4.
a. cuyo **b.** cuya **c.** cuyos **d.** cuyas.

Lektion 15

1.
a. sonando **b.** me despierto **c.** dígame **d.** te acuerdas **e.** entiendo **f.** conozco **g.** me digas **h.** recuerdas **i.** caigo **j.** cuentas **k.** te pierdes **l.** digas **m.** siento **n.** muerto **o.** vuelvas **p.** ruego **q.** juegas **r.** duele **s.** cuesta **t.** exageres **u.** vuelves.

2.
a. envían/enviarán **b.** envíen **c.** limpia **d.** limpie **e.** renuncio **f.** cambies **g.** continúo.

3.
a. en; de **b.** en; por **c.** por; de; de **d.** de; a; en; a **e.** en; en; en; para.

Lektion 16

1.
No, yo no necesito una secretaria ... **a.** que lleve la correspondencia en alemán **b.** que traduzca del inglés **c.** que lo tenga **d.** que sea guapa **e.** que las haga **f.** que me lo prepare **g.** que me admire.

2.
Voy a buscarme otro ... **a.** que no me pague tan poco **b.** que sepa organizar el trabajo **c.** que esté casado **d.** que no viaje tanto **e.** que no me critique tanto **f.** que me caiga más simpático.

3.
Te agradecería mucho ... **a.** que llamaras a mi novia **b.** que fueras a mi casa a recoger el correo **c.** que llevaras a casa a mi madre **d.** que pusieras un telegrama **e.** que volvieras mañana **f.** que me trajeras naranjas. **g.** que me tradujeras la carta.

4.
a. a **b.** x/a **c.** a **d.** a **e.** a **f.** a **g.** x/a **h.** a

5.
a. conduzco **b.** agradezco/agradecería **c.** conozca **d.** conduje **e.** construyeron **f.** se redujera/redujese **g.** fuera/fuese

Test 4

a. 1 – **b.** 3 – **c.** 3 – **d.** 3 – **e.** 2 – **f.** 2 – **g.** 4 – **h.** 1 – **i.** 2 – **j.** 1 – **k.** 2 – **l.** 3 – **m.** 2 – **n.** 3 – **o.** 1 – **p.** 1 – **q.** 1 – **r.** 2 – **s.** 2 – **t.** 3 – **u.** 3 – **v.** 3 – **w.** 1

Lektion 17

1.
a. de **b.** del **c.** que **d.** de **e.** de.

2.

a. 3 – **b.** 3 – **c.** 1 – **d.** 2 – **e.** 1

3.

a. ayudó **b.** dijo **c.** pusieron **d.** querían **e.** querían **f.** estaban **g.** fueron **h.** preguntaron **i.** permitió **j.** era **k.** habían **l.** dijo **m.** quería **n.** tenía **o.** daba **p.** se llamaba **q.** indicó **r.** viniera **s.** estaba **t.** se puso **u.** se despidió **v.** se marcharon.

4.

a. x **b.** a **c.** por **d.** de **e.** por **f.** en **g.** a **h.** de **i.** por **j.** a **k.** de

Lektion 18

1.

a. y sigue nevando **b.** y sigue haciendo calor **c.** y sigue trabajando **d.** y sigue escribiendo **e.** y sigue esperándole **f.** y sigue diciéndoselo **g.** y sigue queriéndola **h.** y sigue durmiendo poco **i.** y sigue sintiéndose un poco malo **j.** y sigue pidiéndoselo

2.

a. están **b.** es **c.** son **d.** es **e.** estar **f.** es **g.** es **h.** está **i.** es **j.** estado **k.** es **l.** es **m.** es **n.** es **o.** siendo **p.** está **q.** estaba **r.** está **s.** es **t.** es **u.** es **v.** es **w.** es **x.** está **y.** está **z.** son

3.

a. vayamos **b.** hayas visto **c.** ver **d.** es **e.** sea **f.** vengas.

Lektion 19

1.

a. 3 – **b.** 3 – **c.** 2 – **d.** 3 – **e.** 2 – **f.** 2

2.

a. no **b.** no **c.** no **d.** sí **e.** sí **f.** no **g.** no **h.** no **i.** no **j.** no **k.** no **l.** sí **m.** no **n.** sí

Lektion 20

Test final 1

a. 2 – **b.** 1 – **c.** 2 – **d.** 2 – **e.** 1 – **f.** 3 – **g.** 2 – **h.** 2 – **i.** 1 – **j.** 2 – **k.** 3 – **l.** 1 – **m.** 2 – **n.** 1 – **o.** 2 – **p.** 2 – **q.** 1

Test final 2

a. 2 – **b.** 1 – **c.** 3 – **d.** 3 – **e.** 1 – **f.** 3 – **g.** 1 – **h.** 2 – **i.** 2 – **j.** 3 – **k.** 3 – **l.** 1 – **m.** 2 – **n.** 2 – **o.** 1 – **p.** 2 – **q.** 1/2 – **r.** 2/3 – **s.** 2 – **t.** 1/3 – **u.** 3

Test final 3

a. escoja **b.** abra **c.** coloque **d.** introduzca **e.** cierre **f.** retírela **g.** guárdela **h.** busque **i.** abra **j.** siga **k.** diríjase.

Test final 4

a. 2 – **b.** 1 – **c.** 1 – **d.** 1 – **e.** 3 – **f.** 1 – **g.** 2/3 – **h.** 3 – **i.** 1 – **j.** 3 – **k.** 2 – **l.** 1 – **m.** 3 – **n.** 2 – **o.** 2 – **p.** 1/2 – **q.** 3 – **r.** 2

1 El «Castell de Guadalest» (Alicante)

2 Sevilla, Plaza de España con el Palacio Central

3 Fiesta popular en Benavente (Zamora)

5 ▷ Lorca (Murcia): Mujer tejiendo

4 Baile en Sacromonte

6 Segovia: Alcázar y Sierra de Guadarrama

7 La playa de Laredo (Santander)